かわいい

카와이
여행 일본어

레이쌤(김하경) 지음

🌸 일본 여행을 기다리는 여러분께

일본어 하나도 모르는데, 괜찮을까요?

일본 여행을 준비하는 분들이 제게 가장 많이 물어보는 질문이에요. 저 역시 예전엔 같은 고민을 했던 사람이랍니다. 그래서 일본어를 전혀 몰라도 일본 여행을 가고 싶은 분들을 위해 여행에 꼭 필요한 표현들만 쏙쏙 골라 담은 책을 만들고 싶었습니다.

일본어를 몰라도 괜찮아요!

이 책은 오직 '일본 여행'에 꼭 필요한 '핵심 표현'만을 담았습니다. 상황에 맞는 페이지만 쓱 펼치면, 그 순간 필요한 표현이 눈에 쏙 들어올 거예요. '찐초보' 여행자도 일본어를 쉽게 읽을 수 있도록, 모든 일본어에 한글 발음을 넣었습니다. 한글 발음을 따라 읽기만 해도 현지에서 바로 통할 수 있어요. 또한 여행지에서 실제로 마주할 수 있는 모든 상황을 가능한 정리해두었으니 마음 든든하게 떠날 수 있을 거예요.

복잡한 문장, 어려운 문법은 필요 없어요!

일본어 초보자라면 문장을 그대로 읽는 것조차 버겁잖아요. 그래서 이 책에서는 상황별 여행 단어를 중심으로 모았답니다. 단어만으로도 충분히 소통할 수 있다고 생각하면 마음에 여유가 생길 거예요. 그래도 문장으로 말해보고 싶다면? 어려운 문법은 몰라도 돼요! 여행하면서 꼭 쓰게 되는 필수 패턴 10개만 알아두세요. 상황별 단어에 패턴만 조합하면 문장으로 말하는 것도 어렵지 않을 거예요.

그리고 귀엽고 사랑스러운 산리오캐릭터즈 친구들도 이 책과 함께 여행을 떠납니다. 곳곳에 등장하는 산리오캐릭터즈 친구들이 낯선 여행지에서 든든한 동반자가 되어줄 거예요.

여러분이 일본 여행을 자유롭고, 편안하고, 신나게 즐기셨으면 좋겠습니다. '일본어 몰라도 괜찮아. 이 책만 있으면!'이라는 자신감을 가질 수 있도록, 저 레이쌤이 옆에서 서포트할게요!

자, 이제 이 책과 함께 두근두근 설레는 여행을 떠나볼까요?

레이쌤(김하경) 드림

차례

Intro | 일본 여행 전 꼭 알아두자

01 일본어 읽을 때 꼭 필요해! **히라가나/가타카나** · 012
02 인사만 잘해도 괜찮아! **기본 인사 표현** · 015
03 알고 가면 도움될걸? **기본 숫자 표현** · 018
04 현지인과 얘기해보고 싶어? **스몰토크에 필요한 표현들** · 024

Part 1 | 단어로 말해보자

01 포차코와 먹으러 가자

01 식당에서 무조건 쓰는 표현들 · 034
02 초밥집으로 먹으러 가자 · 040
03 라멘집으로 먹으러 가자 · 045
04 야키니쿠집으로 먹으러 가자 · 052
05 패스트푸드점으로 먹으러 가자 · 060
06 카페로 먹으러 가자 · 069
07 이자카야로 먹으러 가자 · 079

02 시나모롤과 쇼핑하러 가자

- 01 쇼핑할 때 무조건 쓰는 표현들 · 092
- 02 편의점 쇼핑하러 가자 · 099
- 03 캐릭터 상품 쇼핑하러 가자 · 111
- 04 화장품 쇼핑하러 가자 · 119
- 05 옷 쇼핑하러 가자 · 128
- 06 생활 잡화 쇼핑하러 가자 · 138
- 07 약/건강식품 쇼핑하러 가자 · 144
- 08 기념품 쇼핑하러 가자 · 151

03 폼폼푸린과 타러 가자

- 01 교통수단에서 무조건 쓰는 표현들 · 160
- 02 전철/지하철 타러 가자 · 166
- 03 버스 타러 가자 · 172
- 04 택시 타러 가자 · 177
- 05 기차 타러 가자 · 183

04 쿠로미와 구경하러 가자

- 01 관광지에서 무조건 쓰는 표현들 · 194
- 02 온천 체험하러 가자 · 201
- 03 축제 즐기러 가자 · 207
- 04 유명 관광지 구경하러 가자 · 212
- 05 놀이공원에 놀러 가자 · 219

05 마이멜로디와 쉬러 가자

- 01 숙소에서 무조건 쓰는 표현들 · 228
- 02 호텔에 쉬러 가자 · 233
- 03 료칸에 쉬러 가자 · 239
- 04 에어비앤비에 쉬러 가자 · 244
- 05 게스트하우스에 쉬러 가자 · 250

06 힘을 모아 도움을 요청하자

- 01 길을 모르겠을 때, 도움을 요청하자 · 257
- 02 물건을 잃어버렸을 때, 도움을 요청하자 · 263

- **03** 아플 때, 도움을 요청하자 · 270
- **04** 사고 났을 때, 도움을 요청하자 · 279
- **05** 못 알아들었을 때, 다시 요청하자 · 285

Part 2 | 문장으로 말해보자

- **01** ~ 주세요 · 292
- **02** ~ 부탁합니다 · 294
- **03** ~ 가능합니까? · 296
- **04** ~가 안 됩니다 · 298
- **05** ~ 있습니까? · 300
- **06** ~가 없습니다 · 302
- **07** ~를 모르겠습니다 · 304
- **08** ~는 어디입니까? · 306
- **09** ~는 얼마입니까? · 308
- **10** ~는 언제/몇 시입니까? · 310

 급할 땐 가나다순 여행 단어 ㄱ - ㅎ · 290

🌼 이 책의 활용법

Intro | 일본 여행 전 꼭 알아두자

기본 중의 기본이 되는 **일본어 히라가나/가타카나, 숫자, 인사말** 등 알아두면 도움되는 일본어를 정리했어요. 여행 가기 전 설레는 마음으로 이 책을 펼쳤다면 여유롭게 읽어보기를 추천해요!

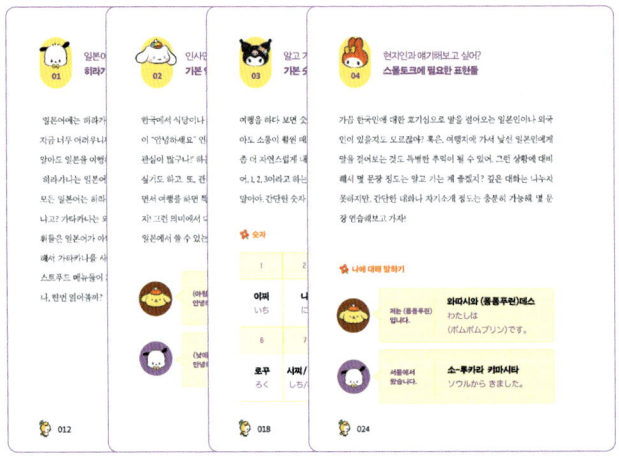

 **특별 보너스** | 급할 땐 가나다순 여행 단어

이 책의 모든 단어를 가나다순으로 정리했어요.
QR코드를 찍어 편하게 활용해보세요!

온라인 제공

Part 1 | 단어로 말해보자

내가 하고 싶은 말을 문장으로 말하기 어렵다면 일단 단어로 시작해보세요! **식당, 쇼핑, 교통, 관광, 숙소, 긴급 상황**으로 카테고리를 나눠 각 상황별로 자주 쓰는 여행 단어를 정리했습니다.

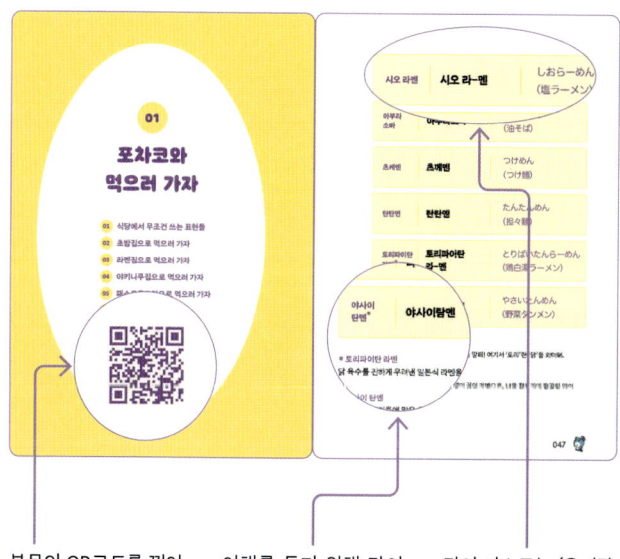

본문의 QR코드를 찍어 보세요! 레이쌤의 강의를 보고 원어민 음성을 들을 수 있습니다.

이해를 돕기 위해 단어 설명이 필요한 부분은 추가 설명을 넣었습니다.

단어 리스트는 '우리말 명칭 - 한글 발음 표기 - 일본어' 순으로 정리했습니다.

Part 2 | 문장으로 말해보자

여행에서 가장 많이 쓰는 초간단 패턴 딱 10개만 알면 문장으로 말할 수 있어요. Part 1에서 배웠던 다채로운 여행 단어들을 쏙쏙 넣어 내가 말하고 싶은 문장을 만들어보세요!

일러두기
- 여러 상황에서 쓰이는 단어의 경우, 편의를 위해 단어를 중복해서 넣었어요.
- 일본어는 원래 띄어쓰기가 없지만, 초보자가 발음하기 쉽도록 모든 일본어는 띄어쓰기를 넣었어요.
- 일본어 발음은 최대한 현지 발음에 가깝게 표기했어요. 경우에 따라서는 사용자 편의를 고려해 표기한 부분도 있답니다.

Intro
일본 여행 전
꼭 알아두자

일본어 읽을 때 꼭 필요해!
히라가나/가타카나

　일본어에는 히라가나와 가타카나, 그리고 한자가 있어. 한자는 지금 너무 어려우니까 보류할게! 히라가나와 가타카나만 읽을 줄 알아도 일본을 여행하는 데 굉장히 많은 도움이 될 거야!

　히라가나는 일본어의 기본 바탕이 되는 문자라고 생각하면 돼. 모든 일본어는 히라가나로 쓸 수 있어. 그럼 가타카나는 언제 쓰냐고? 가타카나는 외국어인 경우에 써! 택시, 버스, 김치, 이런 어휘들은 일본어가 아니라 원래 외국어잖아? 외국어를 구분하기 위해서 가타카나를 사용해. 그래서 드링크 메뉴나 디저트 메뉴, 패스트푸드 메뉴들이 가타카나인 경우가 많아. 히라가나와 가타카나, 한번 읽어볼까?

🌼 히라가나

	あ단	い단	う단	え단	お단
あ행	あ a 아	い i 이	う u 우	え e 에	お o 오
か행	か ka 카	き ki 키	く ku 쿠	け ke 케	こ ko 코
さ행	さ sa 사	し shi 시	す su 스	せ se 세	そ so 소
た행	た ta 타	ち chi 치	つ tsu 츠	て te 테	と to 토
な행	な na 나	に ni 니	ぬ nu 누	ね ne 네	の no 노
は행	は ha 하	ひ hi 히	ふ fu 후	へ he 헤	ほ ho 호
ま행	ま ma 마	み mi 미	む mu 무	め me 메	も mo 모
や행	や ya 야		ゆ yu 유		よ yo 요
ら행	ら ra 라	り ri 리	る ru 루	れ re 레	ろ ro 로
わ행	わ wa 와				を o 오
	ん n 응				

🔍 가타카나

	ア단	イ단	ウ단	エ단	オ단
ア행	ア a 아	イ i 이	ウ u 우	エ e 에	オ o 오
カ행	カ ka 카	キ ki 키	ク ku 쿠	ケ ke 케	コ ko 코
サ행	サ sa 사	シ shi 시	ス su 스	セ se 세	ソ so 소
タ행	タ ta 타	チ chi 치	ツ tsu 츠	テ te 테	ト to 토
ナ행	ナ na 나	ニ ni 니	ヌ nu 누	ネ ne 네	ノ no 노
ハ행	ハ ha 하	ヒ hi 히	フ fu 후	ヘ he 헤	ホ ho 호
マ행	マ ma 마	ミ mi 미	ム mu 무	メ me 메	モ mo 모
ヤ행	ヤ ya 야		ユ yu 유		ヨ yo 요
ラ행	ラ ra 라	リ ri 리	ル ru 루	レ re 레	ロ ro 로
ワ행	ワ wa 와				ヲ o 오
	ン n 응				

인사만 잘해도 괜찮아!
기본 인사 표현

한국에서 식당이나 길거리에서 외국인을 만난 경험 있어? 외국인이 "안녕하세요" 인사만 해도 기분 좋아지지 않아? '우리나라에 관심이 많구나!' 하는 생각이 들어서 왠지 더 친절하게 대해주고 싶기도 하고. 또, 관광객 입장에서도 인사 표현이라도 제대로 하면서 여행을 하면 특별한 경험이 되니까 즐거움이 배가 되기도 하지! 그런 의미에서 다양한 인사 표현들은 알고 가면 아주 좋겠지? 일본에서 쓸 수 있는 기본적인 인사 표현들을 알려줄게!

(아침에) 안녕하세요.

오하요-고자이마스
おはようございます。

(낮에) 안녕하세요.

콘니치와
こんにちは。

(저녁에) 안녕하세요.

콤방와
こんばんは。

감사합니다.

아리가토-고자이마스
ありがとうございます。

미안합니다.

고멘나사이
ごめんなさい。
스미마셍
すみません。

> ごめんなさいは 고의든 실수든 자신의 잘못을 인정한 상태에서 용서해 달라는 뉘앙스가 담긴 사과 표현이야!

괜찮습니다.

다이죠-부데스
だいじょうぶです。

잘 부탁합니다.

**도-조 요로시쿠
오네가이시마스**
どうぞ よろしく
おねがいします。

실례합니다.

시츠레-시마스
しつれいします。

저기요.

스미마셍
すみません。

> すみません은 사과할 때 '미안합니다'라는 뜻으로 쓰는 표현인데, 식당에서 점원을 부를 때도 쓸 수 있어. 또 길 등에서 다른 사람에게 말을 걸 때도 무난하게 쓸 수 있는 표현이야!

잘 먹겠습니다.

이타다키마스
いただきます。

잘 먹었습니다.

고치소-사마(데시타)
ごちそうさま(でした)。

알고 가면 도움될걸?
기본 숫자 표현

여행을 하다 보면 숫자를 꼭 써야 하는 순간들이 있어. 숫자만 알아도 소통이 훨씬 매끄러워지지. 그리고 숫자 뒤에 단위를 붙이면 좀 더 자연스럽게 내 의사를 상대방에게 전달할 수 있어. 예를 들어, 1, 2, 3이라고 하는 것보다 한 명, 두 명 혹은 한 개, 두 개, 이렇게 말이야. 간단한 숫자 표현은 알아두고 직접 써보면 좋을 것 같아.

🌸 숫자

1	2	3	4	5
이찌 いち	**니** に	**상** さん	**시/요/용** し/よ/よん	**고** ご
6	7	8	9	10
로꾸 ろく	**시찌/나나** しち/なな	**하찌** はち	**큐-/쿠** きゅう/く	**쥬-** じゅう

* 그렇다면 11부터 99까지는 어떻게 셀까? 한국어랑 같아. '11' 하면 **쥬-이찌**(じゅういち)라고 하면 돼. 그럼 '78'은? **나나쥬-하찌**(ななじゅうはち)! 간단하지?

* 4, 7, 9는 읽는 방법이 두 가지 이상이야. '4'는 주로 **용**(よん)이라고 읽고, '7'은 **나나**(なな)라고 읽어. 마지막으로 '9'는 **큐-**(きゅう)를 많이 써.

🔍 인원수

한 명	두 명	세 명	네 명	다섯 명
히토리 ひとり	**후타리** ふたり	**산닝** さんにん	**요닝** よにん	**고닝** ごにん

🌸 개수

개수를 말하는 방법에는 두 가지가 있어. 본인에게 편한 방법으로 골라서 써도 괜찮아!

한 개	두 개	세 개	네 개	다섯 개
히토츠 / 익코 ひとつ / いっこ	**후타츠 / 니코** ふたつ / にこ	**밋츠 / 상코** みっつ / さんこ	**욧츠 / 용코** よっつ / よんこ	**이츠츠 / 고코** いつつ / ごこ
여섯 개	일곱 개	여덟 개	아홉 개	열 개
뭇츠 / 록코 むっつ / ろっこ	**나나츠 / 나나코** ななつ / ななこ	**얏츠 / 학코** やっつ / はっこ	**코꼬노츠 / 큐-코** ここのつ / きゅうこ	**토- / 쥭코** とお / じゅっこ

🔑 시간

한 시	두 시	세 시	네 시	다섯 시	여섯 시
이찌지 いちじ	**니지** にじ	**산지** さんじ	**요지** よじ	**고지** ごじ	**로쿠지** ろくじ

일곱 시	여덟 시	아홉 시	열 시	열한 시	열두 시
시찌지 しちじ	**하찌지** はちじ	**쿠지** くじ	**쥬-지** じゅうじ	**쥬-이찌지** じゅういちじ	**쥬-니지** じゅうにじ

1분	2분	3분	4분	5분
입뿡 いっぷん	**니훙** にふん	**삼뿡** さんぷん	**욤뿡** よんぷん	**고훙** ごふん

6분	7분	8분	9분	10분
롭뿡 ろっぷん	**나나훙** なな ふん	**합뿡** はっぷん	**큐-훙** きゅうふん	**쥽뿡 / 집뿡** じゅっぷん / じっぷん

* 그렇다면 '30분'은 어떻게 말할까? **산쥼뿡**(さんじゅっぷん)이라고 하면 돼! 10분 단위의 '~분'은 숫자 읽기와 동일하게 앞에 쥬-(じゅう)를 붙여주면 돼. 예를 들어, '3시 57분'은 **산지 고쥬-나나훙**(さんじ ごじゅうななふん) 이렇게 말이야!

🌸 금액

숫자 뒤에 ~엔(円)만 붙여주면 돼!

백 단위

100	200	300	400	500
햐꾸 ひゃく	**니햐꾸** にひゃく	**삼뱌꾸** さんびゃく	**용햐꾸** よんひゃく	**고햐꾸** ごひゃく
600	700	800	900	
롭빠꾸 ろっぴゃく	**나나햐꾸** ななひゃく	**합빠꾸** はっぴゃく	**큐-햐꾸** きゅうひゃく	

천 단위

1,000	2,000	3,000	4,000	5,000
셍 せん	**니셍** にせん	**산젱** さんぜん	**욘셍** よんせん	**고셍** ごせん
6,000	7,000	8,000	9,000	
록셍 ろくせん	**나나셍** ななせん	**핫셍** はっせん	**큐-셍** きゅうせん	

만 단위 이상

10,000	20,000	30,000	40,000	50,000
망/이찌망 まん/ いちまん	**니망** にまん	**삼망** さんまん	**욤망** よんまん	**고망** ごまん
60,000	70,000	80,000	90,000	100,000
로꾸망 ろくまん	**나나망** ななまん	**하찌망** はちまん	**큐-망** きゅうまん	**쥬-망** じゅうまん

* 한국어에서는 '10,000'을 그냥 '만'이라고 읽지만 일본어에서는 반드시 **이찌**(いち)를 붙여서 **이찌망**(いちまん)이라고 읽어야 해!

04 현지인과 얘기해보고 싶어?
스몰토크에 필요한 표현들

가끔 한국인에 대한 호기심으로 말을 걸어오는 일본인이나 외국인이 있을지도 모르잖아? 혹은, 여행지에 가서 낯선 일본인에게 말을 걸어보는 것도 특별한 추억이 될 수 있어. 그런 상황에 대비해서 몇 문장 정도는 알고 가는 게 좋겠지? 깊은 대화는 나누지 못하지만, 간단한 대화나 자기소개 정도는 충분히 가능해. 몇 문장 연습해보고 가자!

🌸 나에 대해 말하기

저는 (폼폼푸린) 입니다.

와따시와 (포무포무푸린)데스
わたしは
(ポムポムプリン)です。

서울에서 왔습니다.

소-루카라 키마시타
ソウルから きました。

일본어를 못합니다.

니홍고가 데키마셍
にほんごが できません。

일본어는 조금 할 수 있습니다.

니홍고와 스코시 데키마스
にほんごは すこし できます。

여기는 처음입니다.

코코와 하지메테데스
ここは はじめてです。

여행하고 있습니다.

료코-츄-데스
りょこうちゅうです。

저는 일본을 좋아합니다.

와따시와 니홍가 스키데스
わたしは にほんが すきです。

일본 문화에 관심이 많아요.

니혼노 붕카니 쿄-미가 아리마스
にほんの ぶんかに
きょうみが あります。

🔍 질문하기

당신은 일본인 입니까?

아나타와 니혼진데스까
あなたは にほんじんですか。

근처에 추천하는 곳이 있나요?

치카쿠니 오스스메노 바쇼가 아리마스까
ちかくに おすすめの ばしょが ありますか。

추천하는 음식이 있나요?

오스스메노 타베모노가 아리마스까
おすすめの たべものが ありますか。

알려주세요.

오시에테 쿠다사이
おしえて ください。

🌸 공감&감탄하기

그렇군요.

소-데스네
そうですね。

좋네요!

이-데스네
いいですね！

멋지네요!

스고이데스네
すごいですね！

정말 멋진 곳이네요.

혼토-니 스테키나 토코로데스네
ほんとうに すてきな ところですね。

정말 아름다워요.

토테모 키레-데스네
とても きれいですね。

정말 맛있네요.

혼토-니 오이시-데스네
ほんとうに おいしいですね。

Part 1
단어로 말해보자

01

포차코와 먹으러 가자

- **01** 식당에서 무조건 쓰는 표현들
- **02** 초밥집으로 먹으러 가자
- **03** 라멘집으로 먹으러 가자
- **04** 야키니쿠집으로 먹으러 가자
- **05** 패스트푸드점으로 먹으러 가자
- **06** 카페로 먹으러 가자
- **07** 이자카야로 먹으러 가자

일본 먹방 여행을 떠나보자!

일본은 맛있는 음식의 천국이지. 대표적으로 스시, 라멘, 우동 등 한국인 입맛에 맞는 음식들이 굉장히 많아. 일본 여행이 처음인데, 식당에 들어가서 어떻게 해야 할지 걱정된다고? 걱정하지 마. 내가 차근차근 순서를 짚어줄게.

우선 식당에 들어가면 우리나라에서처럼 알아서 빈자리에 앉으면 될까? 식당마다 다르긴 한데, 일본에서는 보통 가게에 들어서면 문 앞에서 점원이 안내해줄 때까지 기다려야 해. 점원이 다가와서 몇 명이냐고 물어볼 거야. 일본어가 떠오르지 않는다면 손가락으로 인원수를 표시해도 좋아! 그러면 점원이 좌석을 안내해주거나 원하는 자리에 앉으라고 얘기해줄 거야.

🌼 **들어가서**(34p.)

자리에 메뉴판이 있으면 그걸 보고 주문하면 되고, 혹시 영어나 한국어 메뉴판이 있는지 물어볼 수도 있어. 요즘 관광지에는 영어나 한국어 메뉴판을 구비해놓는 식당도 많아. 일본어에 자신이 없다면 손가락으로 메뉴를 콕 찍어주면 끝!

🌼 **주문할 때**(35p.)

우리나라 식당에서는 맛있는 반찬이 여러 개 나오고 부족한 것은 무료로 추가해서 먹을 수도 있잖아? 하지만 일본에서는 보통 무료 리필이 안 돼. 스시집의 생강절임이나 덮밥집의 장아찌처럼 처음부터 테이블 위에 올려져 있는 리필용 반찬 외에는 기본적으로 추가 비용이 발생한다고 생각하면 돼. 돈을 더 내고서라도 먹고 싶은 반찬이 있다면 추가 주문을 해보자!

음식을 먹다가 점원에게 요청할 게 있다면 어떻게 해야 할까? 일단은 직원을 불러야겠지? "스미마셍(여기요)" 하고 부르면 돼. 요청한 것을 받은 뒤에는 꼭 "아리가토-고자이마스(감사합니다)"라고 감사 인사를 건네보자!

🌸 **요청할 때**(36p.)

맛있게 먹었다면 이제 계산을 해볼까?
일본은 우리나라보다 현금을 많이 쓰는 나라야. 그래서 카드로 계산하고 싶으면 카드 계산이 가능한지 물어봐야 해. "쿠레짓또카-도 츠카에마스까(신용카드 쓸 수 있나요?)"라고 물어보면 되는데, 어려우면 그냥 카드를 내밀어봐. 점원이 곤란한 표정으로 무언가를 말한다면 현금을 내면 돼.
영수증이 필요하면 "레시-토 오네가이시마스(영수증 주세요)"라고 말하면 되고, 문장이 어렵다면 "레시-토"라고만 말해보자. 나갈 때는 "고치소-사마데시타"라고 말해봐! '잘 먹었습니다'라는 감사의 표현이야.

🌼 **계산할 때**(38p.)

 ## 01 식당에서 무조건 쓰는 표현들

내가 필요한 단어만 콕 찍어 말해보자고! 발음에 자신이 없다면 일본어를 가리키며 보여줘도 괜찮아!

🌸 들어가서

한 명	히토리	ひとり (一人)
두 명	후타리	ふたり (二人)
세 명	산닝	さんにん (三人)
네 명	요닝	よにん (四人)
다섯 명	고닝	ごにん (五人)

| 테이블석 | 테-부르세키 | てーぶるせき (テーブル席) |

🌼 주문할 때

주문	츄-몽	ちゅうもん (注文)
메뉴	메뉴-	メニュー
추천 메뉴	오스스메	おすすめ
음료	노미모노	のみもの (飲み物)
생맥주	나마비-루	なまびーる (生ビール)
이것	코레	これ

한 개	**히토츠**	ひとつ (一つ)
두 개	**후타츠**	ふたつ (二つ)
세 개	**밋츠**	みっつ (三つ)

🌸 요청할 때

물	**오미즈**	おみず (お水)
시원한 물	**오히야**	おひや (お冷)
따뜻한 물	**오유**	おゆ (お湯)
물수건	**오시보리**	おしぼり

물티슈	웻또팃슈	ウェットティッシュ
포크	훠-크	フォーク
숟가락	스푸-운	スプーン
젓가락	오하시	おはし (お箸)
앞접시	토리자라	とりざら (取り皿)
리필	오카와리	おかわり (お代わり)
테이크아웃	모찌카에리	もちかえり (持ち帰り)
디저트	데자-토	デザート

냅킨	나푸킨	ナプキン

얼음	코-리	こおり (氷)

컵	콥뿌	コップ

🌼 계산할 때

계산	오카이케-	おかいけい (お会計)

영수증	레시-토	レシート

거스름돈	오쯔리	おつり (お釣り)

신용카드	쿠레짓또카-도	クレジットカード

현금	**겡낑**	げんきん (現金)

각자, 따로따로	**베쯔베쯔**	べつべつ (別々)

함께	**잇쇼니**	いっしょに (一緒に)

계산대	**레지**	レジ

02 초밥집으로 먹으러 가자

일본에 왔다면 무조건 한 번은 먹어봐야 하는 음식, 바로 **스시(초밥)**! 신선한 생선 위에 밥이 올려진 단순한 음식 같지만, **네타(재료)**와 **샤리(밥)**의 조화, 간장의 양, 먹는 순서까지, 알고 보면 아주 깊은 세계가 숨어 있어.

초밥집은 보통 두 가지 선택지가 있어. 하나는 **카이텐스시(회전초밥)**이고, 하나는 주문해서 먹는 일반 초밥집. 회전초밥집은 접시 색깔마다 가격이 정해져 있어서 원하는 걸 집어서 먹고, 나중에 접시 개수로 계산하는 방식이야. 눈앞에서 초밥이 돌아가는 걸 보는 재미도 있고, 태블릿으로 주문하면 그 접시가 레일을 타고 내 자리까지 오는 시스템도 있어!

일반 초밥집에서는 보통 직접 주문을 하거나 **오마카세(셰프 추천 메뉴)**라고 해서 셰프에게 메뉴 구성을 맡기는 경우도 많아. 비용은 회전초밥보다 비쌀 수 있지만, 좀 더 정갈하고 신선한 초밥을 느긋하게 즐길 수 있어.

초밥을 먹을 때는 간장을 너무 많이 찍지 않도록 주의하고, 생선을 아래쪽으로 해서 살짝 찍는 게 기본이야. 생강 절임은 입안을 깔끔하게 해주는 용도니까 중간중간 한두 조각 먹으면 좋아. 그리고 와사비가 기본으로 들어가 있는 경우가 많으니, 매운 걸 못 먹는다면 미리 **"와사비누끼데 오네가이시마스(와사비 빼주세요)"** 라고 말해두자. 부담스럽지 않은 가격대의 체인점부터, 특별한 날 가고 싶은 고급 초밥집까지, 선택지는 정말 다양해.

자, 이제 초밥 먹으러 갈 준비됐지? 그럼 초밥집에서 꼭 알아두면 좋은 표현들을 함께 알아보자!

🌸 초밥 메뉴

가다랑어	카츠오	カツオ
고등어	사바	さば (鯖)
광어 지느러미	엥가와	えんがわ
굴	카키	かき

날치알	**토비코**	トビコ
도미	**타이**	たい (鯛)
명란	**멘타이꼬**	めんたいこ (明太子)
새우	**에비**	えび
단새우	**아마에비**	あまえび (甘エビ)
성게알	**우니**	うに
연어알	**이쿠라**	いくら
오징어	**이카**	イカ

참치 대뱃살	오-토로	おおとろ (大トロ)
유부초밥	이나리즈시	いなりずし (いなり寿司)
참치 살코기	아까미	あかみ (赤身)
방어	부리/하마찌	ぶり/はまち
참돔	마다이	まだい
참치 파김밥	네기토로마끼	ねぎとろまき (ネギトロ巻き)

그 외

간장	쇼-유	しょうゆ

고추냉이	와사비	わさび
생강 초절임	베니쇼-가	べにしょうが (紅しょうが)
염교 절임	락쿄-	らっきょう
일본식 된장국	미소시루	みそしる (味噌汁)
일본식 계란찜	챠왐무시	ちゃわんむし (茶碗蒸し)
젓가락	오하시	おはし (お箸)
차	오챠	おちゃ (お茶)
맥주	비-루	ビール

# 03 라멘집으로 먹으러 가자

김이 모락모락 나는 국물, 쫄깃한 면발, 진한 향기. 일본 라멘은 그냥 한 끼 식사를 넘어서 현지 문화를 그대로 느낄 수 있는 대표 음식이야. 도쿄, 오사카, 후쿠오카, 삿포로… 지역마다 맛과 스타일이 달라서 라멘 여행을 즐기는 사람들이 있을 정도지!

일본 라멘집은 보통 혼밥하기 좋은 분위기라서 혼자 여행 중이라도 부담 없이 들어갈 수 있어. 특히 유명 라멘 체인점이나 번화가 근처 라멘집은 티켓 자판기로 주문하는 곳이 많아. 입구 근처 자판기에서 먹고 싶은 메뉴 버튼을 눌러 티켓을 뽑은 뒤, 직원에게 티켓을 건네주면 조리가 시작돼. 티켓 자판기에는 사진이 없거나 일본어로만 적혀 있을 수 있으니, 미리 메뉴 이름이나 키워드를 알아두면 더 편할 거야!

라멘 종류는 정말 다양해. 진한 **돈코츠 라멘(돼지뼈 육수 라멘)**, 담백한 **쇼유 라멘(간장 라멘)**, 고소한 **미소 라멘(된장 라멘)**, 깔끔한 **시오 라멘(소금 라멘)** 등, 우리나라도 지역마다 김치 맛이 다르듯, 일본도 라멘마다 개성이 뚜렷해.

면의 굵기, 삶기 정도, 토핑을 조절할 수 있는 가게도 있어. '<mark>카타메(면을 꼬들꼬들하게)</mark>', '<mark>타마고 톱뼁구(계란 토핑)</mark>' 같은 간단한 말만 알아두면 훨씬 내 스타일에 맞는 한 그릇을 즐길 수 있어! 먹을 땐 소리 내며 먹는 게 예의라고 생각하는 문화도 있어서 면을 후루룩 먹는 건 전혀 이상하지 않아.

뜨끈한 국물 한 입에 피로가 싹 풀리는 그 맛. 이제 라멘집에서 쓸 수 있는 표현들을 같이 배워보자!

🌼 라면 메뉴

돈코츠 라멘	**통코쯔 라-멘**	とんこつらーめん (豚骨ラーメン)
미소 라멘	**미소 라-멘**	みそらーめん (味噌ラーメン)
쇼유 라멘	**쇼-유 라-멘**	しょうゆらーめん (醬油ラーメン)

시오 라멘	시오 라-멘	しおらーめん (塩ラーメン)
아부라 소바	아부라소바	あぶらそば (油そば)
츠케멘	츠께멘	つけめん (つけ麺)
탄탄면	탄탄멘	たんたんめん (担々麺)
토리파이탄 라멘*	토리파이탄 라-멘	とりぱいたんらーめん (鶏白湯ラーメン)
야사이 탄멘*	야사이탐멘	やさいたんめん (野菜タンメン)

* **토리파이탄 라멘**
닭 육수를 진하게 우려낸 일본식 라멘을 말해! 여기서 '토리'란 '닭'을 의미해.

* **야사이 탄멘**
채소를 볶은 기름에 맑은 육수를 넣어 끓인 라멘으로, 낮은 칼로리와 깔끔한 맛이 특징이야.

토핑

강판에 간 무즙	**다이콩 오로시**	だいこんおろし (大根おろし)
계란	**타마고**	たまご (卵)
날계란	**나마타마고**	なまたまご (生卵)
반숙 계란	**한쥬꾸 타마고**	はんじゅくたまご (半熟卵)
온천 계란	**온센 타마고**	おんせんたまご (温泉卵)
고추냉이	**와사비**	わさび
김	**노리**	のり

마늘	**닌니꾸**	にんにく

미역	**와까메**	わかめ

생강	**쇼-가**	しょうが

차슈(구운 돼지고기)	**챠-슈-**	チャーシュー

숙주	**모야시**	もやし

튀김 부스러기	**텡까쓰**	てんかす (天かす)

파	**네기**	ねぎ

죽순 절임	**멤마**	メンマ

기호

따뜻한 것	아따따카이노	あたたかいの (温かいの)
차가운 것	츠메타이노	つめたいの (冷たいの)
삶은 정도	카타사	かたさ (硬さ)
꼬들꼬들	카타메	かため (硬め)
보통	후쯔-	ふつう (普通)
푹 삶음	야와라카메	やわらかめ (柔らかめ)
면 많이	멩 오-모리	めんおおもり (麺大盛り)

| 면 적게 | 멘 스쿠나메 | めんすくなめ
(麺少なめ) |

| 싱겁게
(덜 짜게) | 우스메 | うすめ
(薄め) |

🌼 사이즈

| 소(S) | 쇼- | しょう
(小) |

| 중(M) | 츄- | ちゅう
(中) |

| 대(L) | 다이 | だい
(大) |

04 야키니쿠집으로 먹으러 가자

불판 위에서 지글지글 구워지는 고기 냄새만 맡아도 벌써 배가 고파지지? 일본에서도 고기를 구워 먹는 문화가 있는데, 그게 바로 야키니쿠야. 한국의 삼겹살집과 비슷한 느낌도 있지만, 일본만의 분위기와 스타일이 또 다르니까 여행 중 한 번쯤은 가보는 것도 좋아.

야키니쿠집은 고기를 직접 구워 먹는 셀프 스타일이 많아. 자리마다 작은 불판이나 그릴이 있고, 고기 종류와 양, 소스, 밥 등을 메뉴에서 따로 선택해서 주문하는 방식이야. 한 접시에 나오는 고기 양은 생각보다 적은 편이라 여러 가지를 조금씩 시켜 먹는 재미도 있어!

고기 종류도 다양해.

소고기, 돼지고기, 닭고기뿐만 아니라 **하라미(안창살)**, **로스(등심)**, **카루비(갈비)**, **호르몬(내장)** 등 부위별로 선택할 수 있어서 마치 고기 뷔페 같은 느낌도 나. 보통 소금 간을 한 것과 간장 베이스의 양념 중에서 선택할 수 있어.

그리고 밥, 김, 계란찜, 냉면 같은 사이드 메뉴들도 잘 갖춰져 있어서 한국식 고깃집의 푸짐한 분위기가 그리울 때 딱 좋은 선택이야! 그리고 불판을 자주 바꿔달라고 부탁하는 문화도 거의 없기 때문에 필요할 때 정중하게 요청하는 표현을 알아두면 좋아!

직원을 "스미마셍(저기요)" 하고 부른 뒤에 "**아타라시- 아미오 오네가이시마스(새로운 불판을 부탁합니다)**"라고 하면 돼.

그럼 이제, 야키니쿠집에서 주문하고, 맛있게 먹고, 만족스럽게 나올 수 있도록 알아두면 좋은 표현들을 함께 배워볼까?

🌸 야키니쿠 부위

곱창	**호루몽**	ホルモン

곱창 모듬	**호루몽 모리아와세**	ほるもんもりあわせ (ホルモン盛り合わせ)

삼겹살	**부타바라**	ぶたばら (豚バラ)

돼지 항정살	**부타토로**	ぶたとろ (豚トロ)

소 등심	**로-스**	ロース

소 부채살	**미스지**	ミスジ

우설	**탕**	タン

소의 첫 번째 위	미노	ミノ
소 채끝 등심	사-로인	サーロイン
소 심장	하쯔	ハツ
소 갈매기살	하라미	ハラミ
닭 다리살	토리 모모니쿠	とりももにく (鶏もも肉)

🌼 요리

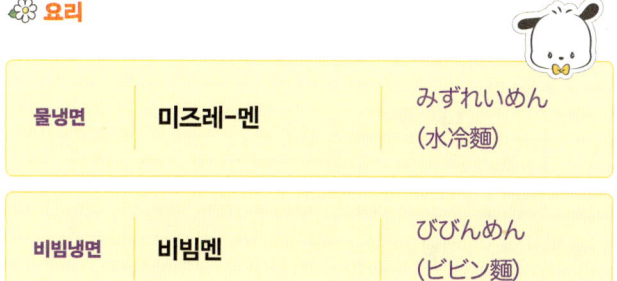

물냉면	미즈레-멘	みずれいめん (水冷麺)
비빔냉면	비빔멘	びびんめん (ビビン麺)

육회	**육께**	ユッケ

돌솥 비빔밥	**이시야키 비빔바**	いしやきびびんば (石焼ビビンバ)

냉토마토	**히야시 토마토**	ひやしとまと (冷やしトマト)

족발	**톤소쿠**	とんそく (豚足)

🌸 반찬 및 소스

깻잎	**에고마노 핲빠**	えごまのはっぱ (エゴマの葉っぱ)

나물	**나무루**	ナムル

밥	**고항**	ごはん (ご飯)

상추	**산츄**	サンチュ
김치	**키무치**	キムチ
초레기 샐러드*	**쵸레기 사라다**	チョレギサラダ
파 무침	**네기 사라다**	ネギサラダ
풋고추	**아오토-가라시**	あおとうがらし（青唐辛子）
채소구이	**야사이야끼**	やさいやき（野菜焼き）
날계란	**나마타마고**	なまたまご（生卵）
마늘	**닌니꾸**	にんにく

| 소금 | **시오** | しお
(塩) |

| 일본식
간장 소스 | **타레** | タレ |

| 된장 | **미소** | みそ
(味噌) |

| 양파 | **타마네기** | たまねぎ
(玉ねぎ) |

＊ 쵸레기 샐러드
'겉절이 샐러드'를 말하는데, 보통 야키니쿠집에 가면 기본으로 주문하곤 해. '겉절이'를 뜻하는 '재래기'가 일본으로 건너가면서 '쵸레기'가 되었다고 해.

🌼 기타

리필	오카와리	おかわり (お代わり)
불판	아미	あみ (網)
불	히	ひ (火)
집게	통구	トング
앞접시	토리자라	とりざら (取り皿)
나무젓가락	와리바시	わりばし (割り箸)

 **05 패스트푸드점으로 먹으러 가자**

여행 중에 시간이 부족하거나 익숙한 음식이 당길 땐 패스트푸드점이 딱이야! 일본에도 우리가 잘 아는 맥도날드, 버거킹, KFC 같은 브랜드가 있고, 거기에 더해 일본만의 메뉴와 분위기를 가진 패스트푸드점도 많아.

대표적인 일본 브랜드로는 <mark>モスバーガー(모스버거)</mark>, <mark>ロッテリア(롯데리아)</mark>, <mark>ファーストキッチン(퍼스트 키친)</mark> 등이 있어. 이런 곳에서는 밥버거나 지역 한정 메뉴, 일본식 소스가 들어간 버거 등 일본다운 색다른 조합을 맛볼 수 있어서 작은 경험 하나를 더하는 느낌이야.

주문 방식은 한국과 거의 비슷하지만, 매장 안이 조용하고 차분한 분위기인 경우가 많아서 주문할 때 크게 말하지 않고 조용히 번호표를 기다리는 방식에 익숙해지면 더 편해. 요즘은 터치스크린 키오스크가 있는 매장도 많고, 직원에게 직접 주문할 때는 세트인지 단품인지, 포장인지 먹고 갈 건지를 간단히 말하면 돼.

예를 들어 "<mark>코코데 타베마스(먹고 갈게요)</mark>" "<mark>오모치카에리데 오네가이시마스(포장해 주세요)</mark>" "<mark>셋또데 쿠다사이(세트로 주세요)</mark>" 이런 표현만 알아도 자연스럽게 주문할 수 있어!

간단하게 한 끼 해결하고 싶을 때, 혹은 익숙한 맛으로 잠깐 휴식이 필요할 때, 패스트푸드는 언제나 든든한 선택지가 되어줄 거야. 그럼 이제, 일본 패스트푸드점에서 주문하고 식사할 때 유용한 표현들을 함께 배워볼까?

🍀 패스트푸드 메뉴

햄버거	**함바-가-**	ハンバーガー
데리야끼 버거	**테리야끼 바-가-**	てりやきばーがー (照り焼きバーガー)
데리야끼 치킨 버거	**테리야끼 치킨 바-가-**	てりやきちきんばーがー (照り焼きチキンバーガー)
새우 버거	**에비 바-가-**	エビバーガー
아보카도 버거	**아보카도 바-가-**	アボカドバーガー

야채 버거	베지타부루 바-가-	ベジタブル バーガー
치즈 버거	치-즈 바-가-	チーズバーガー
더블 치즈 버거	다부루 치-즈 바-가-	ダブル チーズバーガー
베이컨 치즈 버거	베-콘 치-즈 바-가-	ベーコン チーズバーガー
피시 버거	휫슈 바-가-	フィッシュ バーガー
핫도그	홋또독그	ホットドッグ
샌드위치	산도잇찌	サンドイッチ
부리토	부리또-	ブリトー

타코	타코스	タコス
치즈 핫도그	치-즈독그	チーズドッグ
참치 샌드위치	츠나 산도잇찌	ツナサンドイッチ
로스트비프 샌드위치	로-스토비-후 산도잇찌	ローストビーフ サンドイッチ
비엘티 (BLT)	베-콘 레타스 토마토	ベーコンレタス トマト

🌼 사이드 메뉴

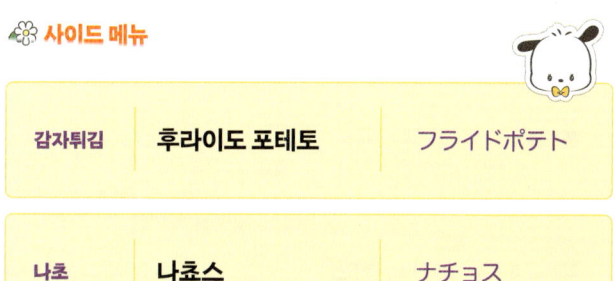

감자튀김	후라이도 포테토	フライドポテト
나초	나쵸스	ナチョス

디저트	**데자-토**	デザート
샐러드	**사라다**	サラダ
스위트콘	**스이-토코-온**	スイートコーン
어니언링	**오니온 후라이**	オニオンフライ
애플파이	**압뿌루파이**	アップルパイ
수프	**스-푸**	スープ
콘스프	**코-온스-푸**	コーンスープ
치킨너겟	**치킨 나겟또**	チキンナゲット

피시앤칩스	**휫슈 안도 칩뿌스**	フィッシュアンドチップス
후라이드 치킨	**후라이도 치킨**	フライドチキン

🌸 드링크

콜라	**코-라**	コーラ
사이다*	**스푸라이토**	スプライト
코카콜라 제로	**코카코-라 제로**	コカ・コーラゼロ
바닐라 셰이크	**바니라 셰이쿠**	バニラシェイク
초코 셰이크	**쵸코 셰이쿠**	チョコシェイク

딸기셰이크	스토로베리- 셰이쿠	ストロベリーシェイク
오렌지주스	오렌지 쥬-스	オレンジジュース
사과주스	링고 쥬-스	リンゴジュース
우롱차	우-론챠	うーろんちゃ (ウーロン茶)
우유	미루쿠	ミルク
커피	코-히-	コーヒー
카페라떼	카훼라테	カフェラテ
아이스티	아이스티-	アイスティー

레모네이드	레모네-도	レモネード

핫초코	홋또 쇼코라	ホットショコラ

* 사이다

일본에서는 '사이다'를 '사이다'라고 하지 않아! 흔히 '스프라이토'라고 해. 브랜드명을 그대로 얘기하는 편이야. '사이다'라고 하면 흔히 레몬 맛이 나는 탄산음료를 떠올리기 때문에 '사이다'를 주문하면 생각한 음료와 다른 게 나올 수 있어!

🌼 기타

소스	소-스	ソース

케첩	케챱뿌	ケチャップ

머스터드 소스	마스타-도	マスタード

단품	탐삥	たんぴん (単品)

세트	**셋또**	セット
반	**함붕**	はんぶん (半分)
물수건	**오시보리**	おしぼり
얼음	**코-리**	こおり (氷)
소금	**시오**	しお (塩)

06 카페로 먹으러 가자

일본 먹방 여행의 묘미는 바로 디저트지! 일본은 제과제빵 기술이 예전부터 발달했기 때문에 지방 곳곳에서 각 지역의 특색이 담긴 빵과 디저트를 즐길 수 있어.

교토에 가면 **맛챠(말차)**로 만든 디저트가 유명하고, 홋카이도에서는 치즈로 만든 디저트가 유명하고 오사카는 **파훼(파르페)**가 유명하지! 그 밖에도 각 지역마다 유명한 디저트가 있으니까 한 번씩 맛볼 수 있으면 너무 좋겠지?

일본은 지역 특산물로 과일도 유명해. 아오모리는 **링고(사과)**가 유명하고, 유바리는 **메론(멜론)**이 유명하지. 그 지역에 가게 된다면 그 지역만의 특산물을 먹어보는 것도 소소한 재미가 될 거야. 디저트의 세계는 정말 무궁무진한 것 같아!

일본은 카페의 천국이기도 하니까 여행하다가 지치면 카페에서 잠시 쉬어가는 것도 좋아. 스타벅스에도 일본에서만 파는 메뉴가 있고, 전국 프랜차이즈인 도토루 커피, 코메다 커피, 타리즈 커피 등도 있으니까 여행 중 피로가 쌓이면 피로를 풀기 위한 커피 한 잔의 여유를 즐길 수도 있어! 디저트 여행, 생각만 해도 신나지 않아?

🌸 디저트

도라야키*	도라야끼	どらやき（どら焼き）
딸기타르트	이찌고 타르또	いちごタルト
마들렌	마도레-누	マドレーヌ
마카롱	마카롱	マカロン
몽블랑	몸부랑	モンブラン
빙수	카끼고-리	かきごおり（かき氷）
생초콜릿	나마쵸코	なまちょこ（生チョコ）

소프트 아이스크림	소후토쿠리-무	ソフトクリーム
슈크림	슈-쿠리-무	シュークリーム
안미츠*	암미쯔	あんみつ
일본식 떡꼬치	당고	だんご (団子)
찹쌀떡	다이후쿠	だいふく (大福)
케이크	케-키	ケーキ
수플레	수후레	スフレ
롤케이크	로-루케-키	ロールケーキ

쿠키	**쿡끼-**	クッキー
크렘뷔렐레	**쿠레-무부류레**	クレームブリュレ
파르페	**파훼**	パフェ
팬케이크	**팡케-키**	パンケーキ
푸딩	**푸링**	プリン
크레이프	**쿠레-푸**	クレープ

＊도라야키
팬케이크 사이에 단팥 소를 넣은 일본의 대표 간식이야! 모양이 북(도라)처럼 생겨서 '도라야키'라는 이름이 붙었어. 요즘에는 말차, 크림, 밤, 치즈 등 맛도 다양해졌어.

＊안미츠
말캉한 한천 젤리 위에 단팥 소, 떡, 젤리, 과일, 아이스크림을 올리고 흑설탕 시럽을 뿌려 먹는 일본식 디저트야. 보기에도 예쁘고 맛도 다양해서 카페나 디저트 가게에서 흔히 볼 수 있어.

🌼 빵

바움쿠헨	**바우무쿠-헨**	バウムクーヘン

도넛	**도-나쯔**	ドーナツ

머핀	**마휜**	マフィン

바게트	**바겟또**	バゲット

베이글	**베-그루**	ベーグル

빵오쇼콜라	**팡오쇼코라**	パンオショコラ

시나몬롤	**시나몬로-루**	シナモンロール

와플	왓후루	ワッフル
크로와상	쿠로왓상	クロワッサン
크림빵	쿠리-무팡	クリームパン
프레츨	프렛체루	プレッツェル
보리빵	무기팡	むぎぱん (麦パン)
소라빵	코로네	コロネ
식빵	쇼쿠팡	しょくぱん (食パン)
팥빵	암팡	アンパン

 드링크

녹차	료쿠챠	りょくちゃ (緑茶)
말차	맛챠	まっちゃ (抹茶)
밀크티	미루쿠티-	ミルクティー
요구르트	요-구루또	ヨーグルト
생과일주스	나마후루-쯔 쥬-스	なまふるーつじゅーす (生フルーツジュース)
딸기주스	이찌고 쥬-스	いちごジュース
바나나주스	바나나 쥬-스	バナナジュース

아메리카노	아메리칸 코-히-	アメリカンコーヒー
디카페인 커피	카훼인레스 코-히-	カフェインレス コーヒー
블렌드 커피	부렌도 코-히-	ブレンドコーヒー
비엔나 커피	윈나- 코-히-	ウィンナーコーヒー
에스프레소	에스프렛소	エスプレッソ
카페모카	카훼모카	カフェモカ
카푸치노	카푸치-노	カプチーノ
홍차	코-챠	こうちゃ (紅茶)

시럽	**시롭뿌**	シロップ
생크림	**나마쿠리-무**	なまくりーむ(生クリーム)
샷 추가	**다부루숏또**	ダブルショット
S사이즈	**에스 사이즈**	エスサイズ
M사이즈	**에무 사이즈**	エムサイズ
L사이즈	**에루 사이즈**	エルサイズ
쇼트(Short)	**쇼-또**	ショート
톨(Tall)	**토-루**	トール

한국어	발음	일본어
그란데 (Grande)	**그란데**	グランデ
우유	**미루쿠**	ミルク
아몬드 밀크	**아-몬도 미루쿠**	アーモンドミルク
오트 밀크	**오-츠 미루쿠**	オーツミルク
저지방 우유	**테-시보-뉴-**	ていしぼうにゅう (低脂肪乳)
무지방 우유	**무시보-뉴-**	むしぼうにゅう (無脂肪乳)
두유	**토-뉴-**	とうにゅう (豆乳)

 **이자카야로 먹으러 가자**

술뿐만 아니라 다양한 일본식 안주를 맛볼 수 있는 '일본식 선술집'을 '이자카야'라고 해. 한국 술집과는 문화가 조금 다르니까 미리 이자카야에 대해 알고 가면 좋겠지?

먼저, '자릿세'라는 것이 있어. 자리에 작은 반찬 같은 것들이 놓여져 있는데 무료지만 이것들이 포함된 '오토-시(자릿세)'라는 걸 내게 되어 있어. 보통 1인당 300엔에서 500엔 정도야. 그리고 식사를 하기 위한 곳이 아니기 때문에 음식들의 양이 많지는 않아.

한 가지 또 특이한 점은 한국은 주문할 때 대개 음식과 술을 한꺼번에 주문하지만 일본에서는 먼저 술을 시킨 다음에 천천히 메뉴를 보면서 나중에 음식을 시키는 편이야. 그래서 생긴 말이 '토리아에즈 비-루'야. '토리아에즈'는 '일단'이라는 뜻이고 '비-루'는 '맥주'라는 뜻인데, 앉자마자 '일단 맥주부터 주세요'라는 뜻인 거지! 이자카야 문화 중 하나라고 생각하면 될 것 같아. 앉자마자 "토리아에즈 비-루!"라고 해보면 재밌겠지? 개인이 하는 선술집도 많지만 대형 프랜차이즈들도 많으니까 취향껏 고르면 돼. 최근에는 꼬치 전문점, 튀김 전문점처럼 한 가지 음식에 특화되어 있는 가게도 많이 생기고 있으니 여러 군데 도전해보길 추천해.

🥕 이자카야 메뉴 - 비건

고구마	**사쯔마이모**	さつまいも (さつま芋)
연근	**렝콘**	れんこん (蓮根)
생강 초절임	**베니쇼-가**	べにしょうが (紅しょうが)
감자샐러드	**포테토 사라다**	ポテトサラダ
감자튀김	**후라이도 포테토**	フライドポテト
단호박	**카보챠**	かぼちゃ
팽이버섯	**에노끼**	えのき

표고버섯	**시-타께**	しいたけ

양배추	**캬베쯔**	キャベツ

🌼 이자카야 메뉴 - 고기

곱창 된장조림	**모쯔 니코미**	もつにこみ (もつ煮込み)

돼지고기	**부타니꾸**	ぶたにく (豚肉)

메추리알	**우즈라**	うずら

소고기	**규-니꾸**	ぎゅうにく (牛肉)

소시지	**윈나-**	ウィンナー

닭 날개	테바사끼	てばさき (手羽先)
닭꼬치	야끼토리	やきとり (焼き鳥)
닭 가슴살	무네니꾸	むねにく (胸肉)
닭 껍질	카와	かわ (皮)
닭 모래 주머니	스나기모	すなぎも (砂肝)
닭 심장	하쯔	ハツ
닭고기 경단	츠쿠네	つくね
닭튀김	카라아게	からあげ (唐揚げ)

말고기회	바사시	ばさし (馬刺し)
로스트 비프	로-스토비-후	ローストビーフ

🌼 이자카야 메뉴 - 해물

굴튀김	카끼 후라이	カキフライ
가리비	호타떼	ほたて (帆立)
새우	에비	エビ
오징어	이카	イカ
문어 튀김	타코 카라아게	たこからあげ (たこ唐揚げ)

문어 와사비	타코와사비	たこわさび
명란 훈제구이	아부리 멘타이꼬	あぶりめんたいこ (炙り明太子)
모듬회	사시미 모리아와세	さしみもりあわせ (刺身盛り合わせ)
가자미 지느러미 구이	에-히레 아부리	えいひれあぶり (エイヒレ炙り)

🌼 이자카야 메뉴 - 기타

일본식 계란말이	타마고야끼	たまごやき (卵焼き)
교자	교-자	ぎょうざ (餃子)
야키소바	야끼소바	やきそば (焼きそば)

오차즈케	오챠즈께	おちゃづけ (お茶漬け)
오코노미야키	오코노미야끼	おこのみやき (お好み焼き)
주먹밥	오니기리	おにぎり

🌸 술

맥주	비-루	ビール
소주	쇼-츄-	しょうちゅう (焼酎)
일본주*	니혼슈	にほんしゅ (日本酒)
병맥주	빔비-루	びんビール (瓶ビール)

한국어	발음	일본어
생맥주	나마비-루	なまびーる(生ビール)
하이볼	하이보-루	ハイボール
무알코올	농아루코-루	ノンアルコール
칵테일	카쿠테루	カクテル
모히토	모히-또	モヒート
병	빙	びん(瓶)
물을 타서 마심	미즈와리	みずわり(水割り)
탄산수를 타서 마심	소-다와리	そーだわり(ソーダ割り)

| 샹그리아 | **상구리아** | サングリア |

| 레몬소주 | **레몬사와-** | レモンサワー |

| 우롱하이 | **우-롱하이** | ウーロンハイ |

＊일본주
한국에서는 '일본주'를 흔히 '사케'라고 말하지만 실제로 일본에서는 '사케'는 '술'일 뿐이야. 맥주, 소주 등 모든 알코올 종류를 통틀어 '사케'라고 해. '일본주'는 '니혼슈'라고 하는 게 올바른 표현이야!

02

시나모롤과 쇼핑하러 가자

- **01** 쇼핑할 때 무조건 쓰는 표현들
- **02** 편의점 쇼핑하러 가자
- **03** 캐릭터 상품 쇼핑하러 가자
- **04** 화장품 쇼핑하러 가자
- **05** 옷 쇼핑하러 가자
- **06** 생활 잡화 쇼핑하러 가자
- **07** 약/건강식품 쇼핑하러 가자
- **08** 기념품 쇼핑하러 가자

쇼핑의 천국, 일본에서 신나게 쇼핑하자!

일본은 쇼핑의 천국이기도 해. 아기자기한 생활용품도 많고 드럭스토어에 가면 1시간 이상씩은 구경할 수 있을 만큼 눈이 휘둥그레지는 아이템과 실용성이 뛰어난 제품이 많거든. 또 건강기능식품이나 유명한 약이 많아서 캐리어에 잔뜩 챙겨서 오는 경우도 많지. 특히 개성 있는 패션을 보여주는 곳이기도 하잖아? 구경하고 살 게 너무 많아!

제대로 쇼핑을 즐기기 위해서는 그래도 간단한 소통 정도는 할 수 있으면 좋겠지? 내가 원하는 것을 명확하게 얘기할 수 있으니까! 먼저, 쇼핑할 때 내가 원하는 것을 점원에게 물어볼 수 있겠지?

내가 원하는 물건을 핸드폰으로 보여주면서 "**코레, 아리마스까**"라고 물어보면 돼. '**이거, 있나요?**'라는 뜻이야. 그럼 점원이 그 물건이 있는 곳으로 안내해주겠지?

🌸 **물건을 찾을 때**(92p.)

내가 원하는 물건을 다 골랐다면, 이제 계산을 해볼까? 계산할 때에는 대화가 많이 필요없을지도 몰라. 점원이 알아서 잘해줄 테니까. 하지만 영수증 같은 걸 요청해야 할 수도 있어. '**영수증**'은 '**레시-토**'라고 해. 정중하게 얘기하고 싶다면 마지막에 "**오네가이시마스(부탁합니다)**"를 붙여줘. 원하는 단어만 얘기하면 무례하게 들릴 수도 있으니까.

🌼 **계산할 때**(93p.)

또, 일본 여행을 가면 쇼핑을 많이 하게 되는데 외국인이니까 택스리펀을 받을 수 있다는 장점이 있어! 일본은 가격표에 꼭 세금 포함 가격과 세금 제외 가격을 같이 표시하게 되어 있거든. 우리나라와 다르지?

택스리펀이 되는 매장에서 보통 5,000엔 이상 구매하면 택스리펀을 받을 수 있어. 그럼 우리는 세금 제외 가격으로 살 수 있는 거야. 놓치면 안 되겠지?

🌼 **택스리펀을 받을 때**(95p.)

또, 포장용 종이가방이 필요할 때에는 직원에게 요청할 수도 있어. '<u>종이가방</u>'은 '<u>카미부쿠로</u>'라고 해.

🌼 **포장할 때**(96p.)

만약에 구매 후 마음이 변해서, 혹은 제품에 문제가 생겨서 반품하고 싶다면 "<u>헴삔 오네가이시마스</u>(반품해 주세요)"라고 하면 돼.

🌼 **구매 후 물건이 마음에 들지 않을 때**(97p.)

너무 겁먹지 말고 천천히 말해보자!
어렵지 않아, 할 수 있어!

 **01 쇼핑할 때 무조건 쓰는 표현들**

쇼핑할 때 꼭 써야 하는 말들이 있지? 필요한 단어만 콕 찍어 말해보자고! 발음에 자신이 없다면 아래의 단어를 가리키며 보여줘도 괜찮아!

🌼 물건을 찾을 때

이것	**코레**	これ
크기/사이즈	**사이즈**	サイズ
추천	**오스스메**	おすすめ
상품	**쇼-힝**	しょうひん (商品)
품절	**우리키레**	うりきれ (売り切れ)

할인	와리비끼	わりびき (割引)

세일	세-루	セール

색상	이로	いろ (色)

샘플	삼푸루	サンプル

🌼 계산할 때

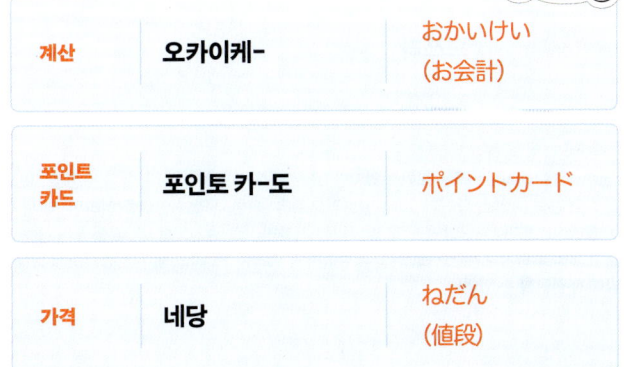

계산	오카이케-	おかいけい (お会計)

포인트 카드	포인토 카-도	ポイントカード

가격	네당	ねだん (値段)

영수증*	료-슈-쇼	りょうしゅうしょ (領収書)
몇 개	이꾸쯔	いくつ
얼마	이쿠라	いくら
현금	겡킹	げんきん (現金)
신용카드	쿠레짓또카-도	クレジットカード
거스름돈	오쯔리	おつり (お釣り)

＊영수증

'영수증'은 '레시-토'라는 표현도 있지만 '료-슈-쇼'라고 하기도 해. 둘은 뜻은 같지만 아주 약간의 뉘앙스 차이가 있어. 일반적으로 '계산한 내역의 영수증'이라면 '레시-토'를 쓰고, 뭔가 '증빙할 용도'로 발급받는 거라면, '료-슈-쇼'를 써. 예를 들어, 회사 경비 처리를 하거나 세금 신고를 할 예정이라면 '료-슈-쇼'라고 해주면 명확하게 상대방에게 전달할 수 있어!

🌸 택스리펀을 받을 때

세금*	제-킹	ぜいきん (税金)
구매 조건	코-뉴- 죠-켄	こうにゅうじょうけん (購入条件)
세금 포함	제-코미	ぜいこみ (税込み)
세금 제외	제-누키	ぜいぬき (税抜き)
택스프리	탁쿠스 후리-	タックスフリー
면세	멘제-	めんぜい (免税)
여권	파스포-또	パスポート

금액	킹가쿠	きんがく (金額)
면세점	멘제-텐	めんぜいてん (免税店)

＊세금

'탁쿠스'와 '제-킹' 두 가지가 있어. 뜻은 같아. '탁쿠스'는 영어 Tax를 일본식으로 읽어서 가타카나로 쓴 것이고, '제-킹'은 '세금'을 한자 그대로 읽은 표현이야. 편한 걸로 쓰면 돼!

🌸 포장할 때

포장	호-소-	ほうそう (包装)
종이가방	카미부쿠로	かみぶくろ (紙袋)
비닐봉지	비니-루부쿠로	びにーるぶくろ (ビニール袋)
선물용	푸레젠토요-	ぷれぜんとよう (プレゼント用)

봉투	후쿠로	ふくろ (袋)
상자	하코	はこ (箱)
포장지	호-소-시	ほうそうし (包装紙)
테이프	테-푸	テープ
스티커	시-루	シール

🌺 구매 후 물건이 마음에 들지 않을 때

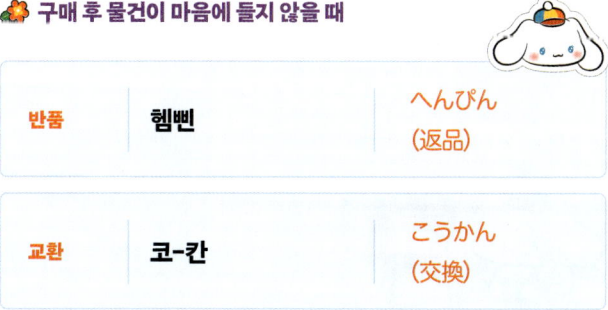

반품	헴삔	へんぴん (返品)
교환	코-칸	こうかん (交換)

환불*	헹킨	へんきん (返金)
구매일	코-뉴-비	こうにゅうび (購入日)
결함	켁칸	けっかん (欠陥)
불량품	후료-힝	ふりょうひん (不良品)

*환불

'헹킨'이라는 표현도 있지만, '하라이모도시'라는 표현도 있어! '헹킨'은 한자를 기반으로 한 표현이고, '하라이모도시'는 순 일본어를 바탕으로 한 표현이야. 뜻은 같으니까 편한 걸로 쓰면 돼!

 **02 편의점 쇼핑하러 가자**

일본 여행 중에 가장 자주 들르게 되는 곳 중 하나가 바로 편의점이야. 간단한 먹거리부터 생활용품, 화장품, 기념품까지 뭐든지 다 있어서 마치 작은 백화점 같지. 세븐일레븐, 로손, 패밀리마트가 대표적인 일본 편의점 브랜드인데, 각각 한정 상품이나 도시락 종류가 다 달라서 구경하는 재미도 있어.

혹시 원하는 게 있다면 직원에게 "○○, 아리마스까(○○, 있나요?)"라고 물어보면 돼. 특히 일본 편의점의 도시락이나 디저트는 퀄리티가 정말 좋아서 편의점에서 끼니를 해결해도 전혀 아쉽지 않아! 만약 편의점에서 끼니를 해결하게 돼서 따뜻한 도시락이나 음료를 먹고 싶다면, "아타타메테 쿠다사이(데워주세요)"라고 하면 돼. 유용하게 사용할 수 있겠지?

또, 즉석 음식이나 따뜻한 커피, 계절 한정 디저트, 콜라보 상품도 자주 나오니까 여행 중 틈틈이 들러보는 걸 추천해!

편의점마다 인기 상품도 다르고 지역 한정 아이템도 있으니까 지나다가 마음에 드는 편의점이 보이면 꼭 한번 들어가보자. 아무 생각 없이 들어갔다가 뜻밖의 득템을 하게 될지도 모르니까!

🥕 도시락 메뉴

도시락	벤또-	べんとう (弁当)
유부초밥 도시락	오이나리상 벤또-	おいなりさんべんとう (お稲荷さん弁当)
돈가스 도시락	통카츠 벤또-	とんかつべんとう (豚カツ弁当)
소고기덮밥	규-동	ぎゅうどん (牛丼)
토마토 미트 소스 그라탕	토마토 미-토 소-스 구라탕	トマトミート ソースグラタン
카레우동	카레- 우동	カレーうどん
야키소바	야끼소바	やきそば (焼きそば)

햄버그 스테이크	함바-구 스테-키	ハンバーグステーキ

새우튀김	에비텐	えびてん (えび天)

명란 파스타	멘타이꼬 파스타	めんたいこぱすた (明太子パスタ)

까르보나라	카르보나-라	カルボナーラ

오므라이스	오무라이스	オムライス

도리아	도리아	ドリア

🌼 삼각김밥 메뉴

삼각김밥	오니기리	おにぎり

명란	멘타이꼬	めんたいこ (明太子)
참치마요	츠나마요	ツナマヨ
매실장아찌	우메보시	うめぼし (梅干し)
가다랑어포	오까까	おかか
연어	사케	さけ
유부초밥	이나리즈시	いなりずし (いなり寿司)
치킨마요	치킴마요	チキンマヨ
새우 마요네즈	에비 마요네-즈	エビマヨネーズ

라멘

컵라면	캅뿌멘	かっぷめん (カップ麺)
쇼유 라멘	쇼-유 라-멘	しょうゆらーめん (醤油ラーメン)
돈코츠 라멘	통코쯔 라-멘	とんこつらーめん (豚骨ラーメン)
미소 라멘	미소 라-멘	みそらーめん (味噌ラーメン)
시오 라멘	시오 라-멘	しおらーめん (塩ラーメン)
치킨 라멘	치킨 라-멘	チキンラーメン
미역 라멘	와카메 라-멘	わかめラーメン

해산물 라멘	시-후-도 라-멘	シーフードラーメン
토마토 라멘	토마토 라-멘	トマトラーメン
츠케멘	츠께멘	つけめん (つけ麺)
탄탄면	탄탄멘	たんたんめん (担々麺)
야키소바	야끼소바	やきそば (焼きそば)

🌼 디저트

디저트	데자-토	デザート
과자	오카시	おかし (お菓子)

케이크	케-키	ケーキ
떡꼬치	미타라시 당고	みたらしだんご(みたらし団子)
사탕	아메	あめ(飴)
아이스크림	아이스크리-무	アイスクリーム
안미츠	암미쯔	あんみつ
젤리*	구미	グミ
푸딩	푸링	プリン
찹쌀떡	다이후쿠	だいふく(大福)

초콜릿	쵸코레-또	チョコレート
슈크림	슈-크리-무	シュークリーム
치즈 에클레어	치-즈 에쿠레아	チーズエクレア
에그타르트	엑구타르또	エッグタルト
모찌롤	모찌로-루	もちロール

* 젤리

'젤리'를 뜻하는 일본어 표현에는 '구미'와 '제리-' 두 가지가 있어. '구미'는 식감이 단단하고 탄력 있는 것을, '제리-'는 부드럽고 입안에서 살살 녹는 느낌의 젤리를 말해.

 음료

음료	노미모노	のみもの (飲み物)

물	오미즈	おみず (お水)
커피	코-히-	コーヒー
콜라	코-라	コーラ
탄산수	탄산스이	たんさんすい (炭酸水)
술*	오사케	おさけ (お酒)
요구르트	요-구르또	ヨーグルト
차	오챠	おちゃ (お茶)
밀크티	미루쿠티-	ミルクティー

맥주	비-루	ビール

와인	와인	ワイン

과일소주	사와-	サワー

*술

'오사케', '사케' 둘 다 괜찮아. 일본에서는 '오'를 붙이면 좀 더 격식 있고 예쁘게 말한다고 생각하거든. 모든 단어에 적용되는 것은 아니니까 일단 '오사케' 정도만 알아둬도 괜찮아!

🌼 생활필수품

나무젓가락	와리바시	わりばし (割り箸)

젓가락	오하시	おはし (お箸)

숟가락	스푸-운	スプーン

칫솔	하부라시	はぶらし (歯ブラシ)
치약	하미가끼코	はみがきこ (歯磨き粉)
비닐봉지	비니-루부쿠로	びにーるぶくろ (ビニール袋)
티슈	팃슈	ティッシュ
물티슈	웻또팃슈	ウェットティッシュ
두루마리 화장지	토이렛토 페-파-	トイレットペーパー
건전지	칸덴치	かんでんち (乾電池)
감기약	카제구스리	かぜぐすり (風邪薬)

생리대	나푸킨	ナプキン
빨대	스토로-	ストロー
소화제	쇼-까자이	しょうかざい (消化剤)
핸드폰 충전기	케-타이 쥬-뎅끼	けいたいじゅうでんき (携帯充電器)

# 캐릭터 상품 쇼핑하러 가자

캐릭터의 왕국은 단연 일본! 만화, 애니메이션 하면 가장 먼저 떠오르는 나라가 일본이잖아. 그만큼 유명한 캐릭터나 애니메이션 주인공이 많고, 이를 활용한 굿즈도 굉장히 많아! 캐릭터 굿즈는 아이들뿐만 아니라 어른들한테도 사랑받는 아이템이야. 일본에서만 구할 수 있는 굿즈가 상당히 많기 때문에 캐릭터 팬들에게는 천국이나 다름없지. 만약 내가 찾는 캐릭터를 찾지 못하겠다면 **"모시, ○○와 아리마셍까(혹시 ○○는 없나요?)"** 라고 물어봐! 점원이 안내해줄 거야.

캐릭터 상품을 살 수 있는 곳은 여러 곳이 있겠지만 도쿄역 지하상가가 가장 핫플레이스야! 도쿄역 지하상가에는 '도쿄 캐릭터 스트리트'가 있거든. 모든 캐릭터 매장을 한곳에서 볼 수 있으니 꼭 팬이 아니더라도 한 번쯤 구경해봐. 정말 귀엽고 아기자기하면서 독특한 아이템이 많거든. 특히 헬로키티와 함께 '산리오 친구들을 만날 수 있는 산리오 비비틱스'! 체인으로 전국에 있으니까 여행을 하면서 근처에 있다면 꼭 한번 방문해봐. 만약 사는 것이 부담되고 구경만 하고 싶다면, **"춋토 미루다케데스(조금 보기만 할게요)"** 라고 하면 돼. 너무 강하게 얘기하면 무례하게 들릴 수 있으니 조심스럽게 얘기해보자!

문구

노트	노-또	ノート
다이어리	다이아리-	ダイアリー
달력	카렌다-	カレンダー
마스킹 테이프	마스킹구 테-뿌	マスキングテープ
메모장	메모쵸-	めもちょう (メモ帳)
명함 케이스	메-시 케-스	めいしけーす (名刺ケース)
볼펜	보-루펭	ボールペン

샤프	샤-푸	シャープ
스티커*	스텍까-	ステッカー
연필	엠피쯔	えんぴつ (鉛筆)
엽서	포스토카-도	ポストカード
클리어파일	쿠리아화이루	クリアファイル
도장	항꼬	はんこ
가위	하사미	はさみ
포스트잇	포스토잇또	ポストイット

*스티커

'시-루'와 '스텍까-'라는 표현이 있는데, 약간의 차이가 있어. '시-루'는 작고 실용적인 용도에 사용해. 보통 라벨, 장식용, 포장용 등으로 말이야. 반면에 '스텍까-'는 굿즈나 장식용, 꾸미기용으로 디자인성이 강한 스티커를 말해. 노트북이나 캐리어, 벽 등에 붙이는 용도지. 혼동해서 사용해도 크게 문제는 없지만 차이를 알아두면 좋겠지?

생활용품

거울	카가미	かがみ (鏡)
교통카드 케이스	아이씨- 카-도 케-스	あいしーかーどけーす (ICカードケース)
파우치	포-치	ポーチ
티셔츠	티-샤쯔	てぃーしゃつ (Tシャツ)
핸드폰 케이스	케-타이 케-스	けいたいけーす (携帯ケース)

우비	레인코-또	レインコート
우산	카사	かさ (傘)
봉제 인형	누이구루미	ぬいぐるみ
쿠션	쿳숀	クッション
양말	쿠쯔시타	くつした (靴下)
시계	토께-	とけい (時計)
손수건	항카치	ハンカチ
수건/타월	타오루	タオル

텀블러	탐브라-	タンブラー
머그컵	마그캅뿌	マグカップ

🌼 캐릭터

헬로키티	하로-키티	ハローキティ
포차코	포챠코	ポチャッコ
시나모롤	시나모로-루	シナモロール
폼폼푸린	포무포무푸링	ポムポムプリン
쿠로미	쿠로미	クロミ

마이멜로디	**마이메로디**	マイメロディ
구데타마	**구데타마**	ぐでたま
무민	**무-민**	ムーミン
리락쿠마	**리락꾸마**	リラックマ
미피	**밋휘-**	ミッフィー
토토로	**토토로**	トトロ
호빵맨	**암팜망**	アンパンマン
쿠마몬	**쿠마몬**	くまモン

마루코	마루코	まるこ (まる子)
짱구	신쨩	しんちゃん
페코짱	페코쨩	ペコちゃん
스밋코구라시	스믹코구라시	すみっコぐらし
포켓몬	포케몽	ポケモン

04 화장품 쇼핑하러 가자

일본은 아주 오래전부터 화장품과 미용소품이 발달한 나라야. 요즘은 K-뷰티가 유행하긴 하지만, 일본 화장품도 여전히 인기가 있어.

일본 여행을 하면서 가장 쉽게 일본 화장품 트렌드를 알 수 있고, 쉽게 구매할 수 있는 곳은 아마 드럭스토어일 거야. 마츠모토 키요시나 돈키호테 등 유명한 드럭스토어에서도 화장품을 많이 판매하고 있어. 또, 문구나 인테리어 소품 매장이라는 인식이 있지만 화장품도 많이 구비되어 있는 로프트나 도큐핸즈도 있지.

일본 드럭스토어는 가격도 합리적이고 할인 이벤트도 자주 해서 득템할 수 있는 기회가 많아. 그리고 일본만의 독특한 아이디어 뷰티 제품들도 많으니까 둘러보는 재미도 쏠쏠할 거야. 화장품뿐만 아니라 립밤, 핸드크림 같은 작은 아이템들은 여행 선물로도 딱이지. 만약 너무 많아서 고르기 힘들다면 직원에게 이렇게 말해봐! "**오스스메시테 쿠다사이(추천해주세요).**" 그럼 친절하게 추천해줄 거야.

일본에 가면 다양한 매장을 둘러보면서 나만의 뷰티 아이템을 찾아보는 것도 여행의 또 다른 즐거움이 될 거야!

🌼 페이셜 화장품

파운데이션	환데-숀	ファンデーション
리퀴드 파운데이션	리킷도 환데-숀	リキッド ファンデーション
쿠션 파운데이션	쿳숀 환데-숀	クッション ファンデーション
파우더	파우다-	パウダー
클렌징크림	쿠렌징구 크리-무	クレンジングクリーム
클렌징 젤	쿠렌징구 제루	クレンジングジェル
자외선 차단제	히야케도메	ひやけどめ (日焼け止め)

아이섀도	**아이샤도-**	アイシャドウ
아이브로우	**아이부로-**	アイブロウ
아이라이너	**아이라이나-**	アイライナー
리퀴드 아이라이너	**리킷도 아이라이나-**	リキッドアイライナー
펜슬 아이라이너	**펜시루 아이라이나-**	ペンシルアイライナー
볼터치	**치-쿠**	チーク
마스카라	**마스카라**	マスカラ
립밤	**립뿌바-무**	リップバーム

립틴트	립뿌틴토	リップティント
립스틱	립뿌스틱쿠	リップスティック
컨실러	콘시-라-	コンシーラー
스킨 토너	케쇼-스이	けしょうすい (化粧水)
세럼	비요-에끼	びようえき (美容液)
보습액	호시츠에키	ほしつえき (保湿液)

 헤어 용품

고데기	헤아 아이롱	ヘアアイロン

헤어 젤	헤아 제루	ヘアジェル
헤어 왁스	헤아 왁끄스	ヘアワックス
염색약	헤아 카라-	ヘアカラー
헤어 스프레이	헤아 스프레-	ヘアスプレー
빗	부라시	ブラシ
샴푸	샴푸-	シャンプー
린스	린스	リンス
트리트먼트	토리-토멘토	トリートメント

🌸 기타 미용 용품

향수	코-스이	こうすい (香水)
핸드크림	한도쿠리-무	ハンドクリーム
인조 속눈썹	츠케마츠게	つけまつげ
쌍꺼풀 테이프	후타에마부타 시-루	ふたえまぶたしーる (二重まぶたシール)
손톱깎이	츠메키리	つめきり (爪切り)
뷰러	뷰-라-	ビューラー
생리대	나푸킨	ナプキン

매니큐어	마니큐아	マニキュア

마스크팩	시-토 마스쿠팍꾸	シートマスクパック

 피부 상태

피부	하다	はだ (肌)

건성 피부	칸소- 하다	かんそうはだ (乾燥肌)

지성 피부	시세- 하다	しせいはだ (脂性肌)

보통 피부	후쯔- 하다	ふつうはだ (普通肌)

민감성 피부	빙깡 하다	びんかんはだ (敏感肌)

복합성 피부	콩고- 하다	こんごうはだ (混合肌)
민낯	습삥	すっぴん
모공	케아나	けあな (毛穴)
두피	토-히	とうひ (頭皮)
윤기/광택	츠야	ツヤ
수분	스이분	すいぶん (水分)
유분	유분	ゆぶん (油分)
탄력	단료쿠	だんりょく (弾力)

촉촉함	우루오이	うるおい (潤い)
비듬	후케	ふけ
기미	시미	シミ
주근깨	소바카스	ソバカス
주름	시와	シワ
여드름	니키비	ニキビ
인기	닝끼	にんき (人気)
모발	모-하츠	もうはつ (毛髪)

05 옷 쇼핑하러 가자

일본 여행 중에 옷 쇼핑은 빼놓을 수 없는 즐거움 중 하나야. 거리를 걷다 보면 트렌디한 스타일부터 개성 넘치는 패션까지 정말 다양한 스타일을 볼 수 있어. 도쿄의 하라주쿠, 오사카의 아메리카무라 같은 곳에서는 독특한 개성을 뽐내는 스트리트 패션을 만날 수 있고, 긴자나 오모테산도 같은 곳에는 세련된 하이엔드 브랜드 매장도 가득해. 또, 유니클로, GU처럼 가격 부담 없는 인기 브랜드 매장도 곳곳에 있어서 여행 중 편하게 쇼핑할 수 있어!

옷은 직접 입어보고 사는 게 가장 좋잖아? 입어보고 싶다면 직원에게 **"시챠꾸 데끼마스까(입어봐도 되나요?)"** 라고 물어보면 돼. 일본은 시즌마다 세일도 자주 하고, 한정판 아이템이나 콜라보 상품도 많아서 쇼핑하는 재미가 쏠쏠해. 쇼핑몰, 백화점, 거리 매장, 아울렛까지 종류도 다양하니까 하루쯤은 옷 쇼핑을 위해 시간을 따로 잡아두는 것도 좋을 것 같아.

아! 마지막으로 가격이 궁금한데 가격표를 못 찾겠다면 점원에게 가격을 물어봐야겠지? **"코레, 이쿠라데스까(이거 얼마예요)?"** 라고 하면 돼. 할 수 있지?

자, 이제 진짜 옷 쇼핑하러 가보자!

의류

옷	후쿠	ふく (服)
상의	우와기	うわぎ (上着)
바지	즈봉	ズボン
블라우스	브라우스	ブラウス
조끼	베스토	ベスト
카디건	카-디간	カーディガン
니트	닛또	ニット

티셔츠	티-샤쯔	てぃーしゃつ (Tシャツ)
치마/스커트	스카-토	スカート
재킷	쟈켓또	ジャケット
코트	코-또	コート
추리닝	쟈-지	ジャージ
청바지	지-인즈	ジーンズ
레깅스	레깅스	レギンス
속옷	시따기	したぎ (下着)

원피스	왐피-스	ワンピース

유카타	유카타	ゆかた (浴衣)

잠옷	파쟈마	パジャマ

🌼 패션 아이템

가방/백	박구	バッグ

백팩	륙꾸	リュック

숄더백	쇼루다-박구	ショルダーバッグ

토트백	토-토박구	トートバッグ

클러치백	**쿠랏치박구**	クラッチバッグ
핸드백	**한도박구**	ハンドバッグ
모자	**보-시**	ぼうし (帽子)
캡모자	**캬뿌**	キャップ
머플러	**마후라-**	マフラー
벨트	**베루또**	ベルト
넥타이	**네쿠타이**	ネクタイ
선글라스	**상구라스**	サングラス

신발	쿠쯔	くつ (靴)
운동화*	운도-구쯔	うんどうぐつ (運動靴)
하이힐	하이히-루	ハイヒール
샌들	산다루	サンダル
액세서리	아쿠세사리-	アクセサリー
안경	메가네	めがね (眼鏡)
깔창	나카지키	なかじき (中敷き)
신발 끈	쿠쯔히모	くつひも (靴ひも)

장갑	테부쿠로	てぶくろ (手袋)
양말	쿠쯔시타	くつした (靴下)
귀걸이*	이야링구	イヤリング
피어싱*	피아스	ピアス
목걸이	넥꾸레스	ネックレス
반지	유비와	ゆびわ (指輪)
브로치	브로-치	ブローチ
팔찌	부레스렛또	ブレスレット

머리끈	헤아고무	ヘアゴム

*운동화

'운도-구쯔'라고 하는데 '스니-카-'라고도 해. 디테일하게 구분하자면, '운도-구쯔'는 정말 운동 목적의 실용적인 운동화를 말해. 반면에 '스니-카-'는 운동화 스타일의 패션 신발을 말해. 패션용 운동화를 구매하고 싶다면 '스니-카-'라고 하는 게 더 좋아! 일상에서 많이 쓰는 표현이야.

*귀걸이/피어싱

귀에 거는 액세서리를 뜻하는 표현에는 '이야링구'와 '피아스'가 있어. 둘 다 쓸 수 있는데, 귀를 뚫어서 착용하는 귀걸이는 '피아스'라고 하고, 귀를 뚫지 않고 착용하는 귀찌는 '이야링구'라고 해. 귀를 뚫든 안 뚫든 둘 다 쓸 수 있는 표현은 '이야링구'야.

🌸 패션 아이템 관련

남성용	단세-요-	だんせいよう (男性用)
여성용	죠세-요-	じょせいよう (女性用)
남녀 공용	단죠 쿄-요-	だんじょきょうよう (男女共用)

어린이용	**코도모요-**	こどもよう (子供用)
매장/지점	**템뽀**	てんぽ (店舗)
재고	**자이코**	ざいこ (在庫)
탈의실	**다쯔이죠**	だついじょ (脱衣所)
입어봄/ 시착	**시챠꾸**	しちゃく (試着)
크기/ 사이즈	**사이즈**	サイズ
S사이즈	**에스 사이즈**	エスサイズ
M사이즈	**에무 사이즈**	エムサイズ

L사이즈	에루 사이즈	エルサイズ
프리 사이즈	후리- 사이즈	フリーサイズ
디자인	데자인	デザイン
색상	카라-	カラー

06 생활 잡화 쇼핑하러 가자

일본 여행 중에는 귀엽고 실용적인 생활 잡화들도 꼭 한 번 눈여겨볼 만해! 컵, 접시 같은 주방용품부터 수건, 욕실 소품, 정리함, 인테리어 소품까지. 일본의 잡화는 아기자기하면서도 품질이 좋아서 실생활에서도 오래 쓸 수 있어.

무인양품, 로프트, 도큐핸즈 같은 유명한 잡화 전문점은 물론이고, 100엔 숍이나 300엔 숍에서도 실속 있는 생활소품들을 많이 찾을 수 있어. 특히 일본은 계절마다 테마 잡화가 자주 바뀌어서 방문 시기마다 새로운 디자인이나 한정 상품을 만나는 재미도 쏠쏠해! 가볍고 실용적인 아이템이 많기 때문에 기념품으로도 좋고, 내 생활을 더 편리하게 만들어 줄 '잇템'을 발견할 수도 있어. 꼭 필요하지는 않지만 보면 사고 싶은 그런 소품들…. 일본 잡화 쇼핑은 그렇게 시작되는 거야!

자, 오늘은 어떤 생활 아이템이 우리 일상에 소소한 행복을 더해 줄까?

🌸 인테리어 용품

가구	카구	かぐ (家具)
테이블	테-부루	テーブル
거울	카가미	かがみ (鏡)
디퓨저	디휴-자-	ディフューザー
슬리퍼	스립빠	スリッパ
시계	토께-	とけい (時計)
카페트	카-펫또	カーペット

쿠션	**쿳숀**	クッション
커텐	**카-텐**	カーテン
액자	**훠토 후레-무**	フォトフレーム
캔들	**칸도루**	キャンドル
조명	**쇼-메-**	しょうめい (照明)
꽃병	**카빙**	かびん (花瓶)
자석	**지샤쿠**	じしゃく (磁石)
드림캐처	**도리-무 캿챠-**	ドリームキャッチャー

장난감	**오모챠**	おもちゃ (玩具)
피규어	**휘규아**	フィギュア
옷장/ 서랍장	**탄스**	たんす (箪笥)

🌼 주방 용품

그릇/접시	**오사라**	おさら (お皿)
도마	**마나이따**	まないた (まな板)
냄비	**나베**	なべ (鍋)
칼	**나이후**	ナイフ

머그컵	마그캅뿌	マグカップ
식기	속끼	しょっき (食器)
앞치마	에푸롱	エプロン
와인글라스	와인 구라스	ワイングラス
숟가락	스푸-운	スプーン
젓가락	오하시	おはし (お箸)
포크	훠-크	フォーク
주전자	야캉	やかん

도시락통	오벤또-바꼬	おべんとうばこ (お弁当箱)
쟁반	토레-	トレー
수저 받침	하시오끼	はしおき (箸置き)

07 약/건강식품 쇼핑하러 가자

일본 드럭스토어는 화장품만 유명한 게 아니야! 감기약, 소화제, 두통약 같은 의약품부터 피로 회복제, 눈 영양제, 다이어트 보조제, 숙취 해소제 같은 건강식품까지 정말 다양한 제품들이 가득하지. 특히 일본 약은 효과가 빠르다고 소문 난 제품이 많아서 여행 중 직접 써보고 좋아서 쟁여가는 사람들도 많아. 이지스, 파브론 같은 감기약이나 로이히츠보코 같은 파스는 이미 한국인 관광객들 사이에서도 유명한 베스트셀러지. 만약 뭘 사야 할지 고민된다면 점원에게 물어봐! "**나니가 유-메-데스까(어떤 게 유명한가요?)**"라고 물어보면 아마 대표적인 것 몇 가지를 골라줄 거야! 패키지도 귀엽고 종류도 다양해서 구경하는 재미도 있고, 직원에게 추천을 받거나 한국어 설명서가 붙어 있는 경우도 있어서 어렵지 않게 쇼핑할 수 있어! 여행 중에 몸이 조금 불편해질 때도 드럭스토어가 큰 도움이 되니까 지나다가 한 번쯤 들러봐도 좋겠지? 나를 위한 건강템, 그리고 주변 사람들을 위한 실속 있는 기념품으로도 정말 딱이야!

🌼 증상

| 감기 | 카제 | かぜ
(風邪) |

| 기침 | 세끼 | せき
(咳) |

| 가래 | 탕 | たん
(痰) |

| 목감기 | 노도카제 | のどかぜ
(喉風邪) |

| 콧물 | 하나미즈 | はなみず
(鼻水) |

| 열 | 네쯔 | ねつ
(熱) |

| 두통 | 즈쯔- | ずつう
(頭痛) |

근육통	킨니꾸쯔-	きんにくつう (筋肉痛)
설사	게리	げり (下痢)
변비	벰삐	べんぴ (便秘)
비염	비엔	びえん (鼻炎)
배탈	하라 이타미	はらいたみ (腹痛み)

약

약	쿠스리	くすり (薬)
감기약	카제구스리	かぜぐすり (風邪薬)

상비약	죠-비야꾸	じょうびやく (常備薬)
두통약	즈쯔-야꾸	ずつうやく (頭痛薬)
변비약	벰삐야꾸	べんぴやく (便秘薬)
소화제	쇼-까자이	しょうかざい (消化剤)
비염약	비엥야꾸	びえんやく (鼻炎薬)
숙취 해소제	후쯔까요이노 쿠스리	ふつかよいのくすり (二日酔いの薬)
반창고	반소-코-	ばんそうこう (絆創膏)
안약	메구스리	めぐすり (目薬)

설사약	게자이	げざい (下剤)
연고	낭꼬-	なんこう (軟膏)
진통제	친쯔-자이	ちんつうざい (鎮痛剤)
위장약	이쵸-야꾸	いちょうやく (胃腸薬)
파스	십뿌	しっぷ (湿布)

 건강식품 관련

건강식품	켕꼬- 쇼꾸힌	けんこうしょくひん (健康食品)
건강 보조식품	켕꼬- 호죠 쇼꾸힌	けんこうほじょしょくひん (健康補助食品)

단백질 보충제	프로테인	プロテイン
영양제	에-요-자이	えいようざい (栄養剤)
비타민	비타민	ビタミン
종합 비타민제	소-고-비타민자이	そうごうびたみんざい (総合ビタミン剤)
칼슘제	카르시우무자이	かるしうむざい (カルシウム剤)
루테인	루테인	ルテイン
혈압	케쯔아쯔	けつあつ (血圧)
유산균	뉴-상킨	にゅうさんきん (乳酸菌)

철분	테쯔분	てつぶん (鉄分)
관절	칸세쯔	かんせつ (関節)
콜라겐	코라-겐	コラーゲン

 **기념품 쇼핑하러 가자**

일본에서는 '**지역 특산물**'을 '**오미야게**'라고 해! 여행을 다녀오면 가장 먼저 듣는 말, 바로 "선물은~?"이잖아? 일본은 지역마다 특산품이 워낙 다양해서 기념품 고르는 재미가 아주 쏠쏠해! 간단한 먹거리부터 귀여운 문구류, 지역 한정 캐릭터 상품까지, 보기만 해도 즐거운 것들이 가득해.

도쿄 바나나, 시로이 코이비토, 로이스 초콜릿 같은 유명 간식류는 선물용으로 인기가 많고, 지역 이름이 적힌 수건이나 열쇠고리도 실속 있는 선물 아이템이야. 만약 여러 명에게 선물을 한다면 세트로 구매하는 경우가 많겠지? 그럴 땐 "**셋또데 오네가이시마스**(셋트로 주세요)"라고 하면 돼. 숫자는 우리 배웠지? '**두 개**'는 '**후타츠**', '**세 개**'는 '**밋츠**', '**네 개**'는 '**욧츠**'! 할 수 있지?

특히 일본은 포장이 예쁘고 정성이 담겨 있어서 받는 사람도 기분이 좋아지지. 공항 면세점에서도 구입할 수 있지만, 여행 중에 들른 마트나 드럭스토어, 관광지 기념품 코너에서도 특별한 오미야게를 발견할 수 있어. 고마운 사람을 떠올리며 하나씩 고르는 기념품 쇼핑은 여행의 마지막을 따뜻하게 마무리하는 시간일지도 몰라. 자, 오늘은 누구를 위한 선물을 골라볼까?

🌸 음식 특산물

일본 김	니혼 노리	にほんのり (日本海苔)
생초콜릿	나마쵸코레-또	なまちょこれーと (生チョコレート)
일본술	니혼슈	にほんしゅ (日本酒)
차	오챠	おちゃ (お茶)
사과	링고	りんご
딸기	이찌고	いちご
전병	셈베-	せんべい (煎餅)

카린토*	카린또-	かりんとう
현미차	겜마이챠	げんまいちゃ (玄米茶)
말차	맛챠	まっちゃ (抹茶)
멜론	메론	メロン
이키나리 당고*	이키나리 당고	いきなりだんご (いきなり団子)
쿠키	쿡끼-	クッキー
버터샌드	바타- 산도	バターサンド
치즈케이크	치-즈 케-키	チーズケーキ

모나카	모나카	もなか (最中)

떡	모찌	もち

만주빵	만쥬-	まんじゅう (饅頭)

＊카린토

밀가루 반죽을 튀긴 뒤, 흑설탕 시럽을 입힌 바삭한 일본 전통 과자야! 겉은 달콤하고 속은 고소해서 차와 함께 즐기기 좋아. 지역에 따라 참깨, 말차, 땅콩 등 다양한 맛이 있어.

＊이키나리 당고

고구마와 팥소를 밀가루 반죽으로 감싸서 찐 구마모토 지역의 전통 간식이야. 고구마의 담백함과 팥의 달콤함이 어우러진 소박한 맛으로 바로 찐다는 뜻의 '이키나리(갑자기, 바로)'에서 이 이름이 붙었어.

기념품

특산물/ 기념품	오미야게	おみやげ (お土産)

부채	센스	せんす (扇子)

젓가락	**오하시**	おはし (お箸)
수건/타월	**타오루**	タオル
엽서	**에하가키**	えはがき (絵はがき)
자석	**마구넷또**	マグネット
열쇠고리	**키- 호르다-**	キーホルダー
손수건	**테누구이**	てぬぐい (手ぬぐい)
머그컵	**마구캅뿌**	マグカップ
부적	**오마모리**	おまもり (お守り)

03
폼폼푸린과 타러 가자

- **01** 교통수단에서 무조건 쓰는 표현들
- **02** 전철/지하철 타러 가자
- **03** 버스 타러 가자
- **04** 택시 타러 가자
- **05** 기차 타러 가자

일본 이곳저곳을 여행해보자!

일본은 교통 인프라가 정말 잘돼 있어서 여행 중에 전철이나 버스, 택시 같은 대중교통을 이용하면 편하게 이동할 수 있어. 하지만 노선도 복잡하고 자동 발권기도 익숙하지 않아서 처음엔 좀 어렵게 느껴질 수도 있을 거야. 하지만 괜찮아! 티켓 구매부터 탑승, 목적지 도착까지 순서대로 하나씩 짚어줄게.

먼저 가고 싶은 곳의 역 이름이나 버스 정류장 이름을 확인해야 해. 일본어로 목적지를 말할 땐 "○○니 이키타이데스(○○에 가고 싶어요)"라고 말하면 돼. 목적지를 말하기 어려울 땐 지도를 보여주거나 역 이름을 손으로 가리켜도 좋아.

전철이나 기차를 탈 땐 자동 발권기에서 표를 사거나 IC 카드를 사용할 수 있어. 잘 모르겠다면 역무원에게 "○○**마데 이쿠라데스까**(○○까지 얼마예요?)"라고 물어보면 돼. 버스나 택시는 보통 타고 나서 나중에 요금을 내는 경우가 많아.

 **표를 구매할 때**(160p.)

전철은 번호가 써 있는 플랫폼에서 타야 해. 방향이 헷갈리면 "**코노 덴샤와 ○○니 이키마스까**(이 열차는 ○○에 가나요?)"라고 물어보자. 버스는 앞문 또는 뒷문으로 탑승하는데, 도시마다 다르니까 탑승구를 보고 따라 타면 돼. 그리고 택시는 문이 자동으로 열리고, 기사님께 행선지를 말하거나 메모한 것 등을 보여주면 돼!

탑승할 때(161p.)

전철이나 버스는 보통 다음 역 안내 방송이 나오니까 이름을 듣고 내릴 준비를 하면 돼. 버스에서는 하차 벨을 누르는 것도 잊지 마!

"스미마셍, 코코데 오리마스(저기요, 여기서 내릴게요)"라고 말하면 친절하게 알려줄 거야.

🌿 **내릴 때**(163p.)

전철이랑 기차는 개찰구에 티켓을 넣거나 카드를 태그하면 되고, 버스는 내릴 때 앞문에서 요금을 지불해. 잔돈이 필요할 땐 **"료-가에 데키마스까(잔돈 바꿀 수 있나요?)"** 라고 물어보면 돼. 택시는 대부분 현금이 편하지만, 카드나 페이가 되는 곳이 늘고 있어.

🌼 **요금을 정산할 때**(164p.)

교통수단을 이용하면서 '죄송합니다'는 "스미마셍", '감사합니다'는 "아리가토-고자이마스"만 기억해도 훨씬 더 자연스럽게 일본 사람들과 소통할 수 있을 거야.
그럼 이제 출발해볼까?

 **01 교통수단에서 무조건 쓰는 표현들**

교통수단에서 무조건 쓰거나 듣는 표현들이 있어. 미리 알아두고 가면 표를 사거나 이용할 때 어리둥절하지 않고 이용할 수 있겠지? 어떤 표현들이 있는지 간단하게 살펴보자!

🍊 표를 구매할 때

티켓/표*	킵뿌	きっぷ (切符)
교통카드	아이씨-카-도	あいしーかーど (ICカード)
목적지	모꾸테키치	もくてきち (目的地)
노선도	로센즈	ろせんず (路線図)
시간표	지코쿠효-	じこくひょう (時刻表)

승차권	죠-샤켄	じょうしゃけん (乗車券)
편도	카타미찌	かたみち (片道)
왕복	오-후쿠	おうふく (往復)
자동 발권기	켐바이키	けんばいき (券売機)

＊티켓/표

'킵뿌'와 '치켓또' 두 가지가 있는데 뉘앙스가 조금 달라. '킵뿌'는 '교통/운송용' 표라는 느낌이 강하고 '치켓또'는 '레저/이벤트/공연용' 티켓이라는 느낌이 강해.

🌼 탑승할 때

승차	죠-샤	じょうしゃ (乗車)
타는 곳	노리바	のりば (乗り場)

승강장/플랫폼	호-무	ホーム
좌석	자세키	ざせき (座席)
빈자리	쿠-세키	くうせき (空席)
창가쪽	마도가와	まどがわ (窓側)
통로쪽	쯔-로가와	つうろがわ (通路側)
하차 벨	코-샤 보탕	こうしゃぼたん (降車ボタン)
안내 방송	아나운스	アナウンス

🌸 내릴 때

하차	코-샤	こうしゃ (降車)
출구	데구찌	でぐち (出口)
입구	이리구찌	いりぐち (入口)
개찰구	카이사쯔구찌	かいさつぐち (改札口)
환승	노리카에	のりかえ (乗り換え)
표지판	안나이방	あんないばん (案内板)
엘리베이터	에레베-타-	エレベーター

에스컬레이터	에스카레-타-	エスカレーター
방향	호-코-	ほうこう (方向)
종점	슈-텐	しゅうてん (終点)

🌼 요금을 정산할 때

운임/요금	운찡	うんちん (運賃)
요금	료-킹	りょうきん (料金)
잔돈	오쯔리	おつり (お釣り)
지폐	시헤-	しへい (紙幣)

현금	겡낑	げんきん (現金)
카드	카-도	カード
영수증	료-슈-쇼	りょうしゅうしょ (領収書)
요금함	료-킴바코	りょうきんばこ (料金箱)
정산	세-산	せいさん (精算)

02 전철/지하철 타러 가자

일본 여행을 하다 보면 전철이나 지하철을 탈 일이 정말 많아. 특히 도쿄, 오사카, 교토 같은 대도시는 전철 노선이 촘촘하게 연결되어 있어서 지하철만 잘 타도 거의 웬만한 곳은 다 갈 수 있지. 처음엔 너무 많은 노선도와 복잡한 이름들에 당황할 수도 있지만, 색깔별로 노선이 구분되어 있고, 역마다 영문 표기와 번호가 함께 있어서 금방 적응할 수 있을 거야.

표를 사려면 먼저 자동 발권기를 이용해야 해. 화면에서 언어를 영어로 바꿀 수 있고, 요금표는 역 위쪽에 지도로 나와 있어서 목적지까지 얼마인지 확인할 수 있어. 하지만 요즘은 대부분 스이카(Suica)나 파스모(PASMO) 같은 교통카드를 개찰구에 찍고 바로 통과하는 방식이 일반적이야. 이런 교통카드는 미리 충전해두어야 사용할 수 있어. 충전은 자동 발권기나 역에 있는 전용 충전기에서 쉽게 할 수 있는데, 충전 버튼을 누르고 금액을 선택한 뒤 현금이나 카드로 충전하면 돼. 잔액이 부족하면 개찰구를 통과할 수 없으니까 탈 때마다 잔액 확인하는 것도 잊지 마!

처음엔 어디로 들어가야 할지 헷갈릴 수도 있지만, 표시된 노선 색깔과 역 번호만 잘 따라가면 실수 없이 갈 수 있어.

그리고 하나 기억할 점! 일본 전철 안은 조용한 분위기라서 통화는 물론이고 너무 크게 대화하는 것도 민폐가 될 수 있어. 전철 안에서 무음 모드로 핸드폰을 설정하고, 이어폰도 적당한 볼륨으로 듣는 게 매너야. 또, 우선석(**優先席**, 노약자 보호석)이나 여성 전용칸도 있으니까 탑승 전에 표지판을 잘 확인하고 탑승하는 게 좋아. 혹시 한자투성이라 알아보기 힘들다면 주위 사람들에게 물어봐! **"코코와 유-센세키데스까(여기는 우선석인가요?)"** 라고 하면 돼. 그럼 친절하게 알려줄 거야.

열차를 기다릴 땐 바닥에 줄 표시가 있는 곳에 정렬해서 대기하고, 승객이 내린 뒤에 타는 게 기본 매너야. 한국보다 조금 더 엄격하게 지켜지는 분위기니까 조심하면 자연스럽게 현지인처럼 전철을 이용할 수 있을 거야!

이제 전철 타는 법, 훨씬 가깝게 느껴지지 않아? 그럼, 전철을 타기 전에 어떤 표현들을 알아두면 좋을지 하나씩 같이 살펴보자!

🌼 전철/지하철 관련

역	에끼	えき (駅)
전철	덴샤	でんしゃ (電車)
지하철	치카테쯔	ちかてつ (地下鉄)
개찰구	카이사쯔구찌	かいさつぐち (改札口)
입구	이리구찌	いりぐち (入口)
출구	데구찌	でぐち (出口)
승강장/플랫폼	호-무	ホーム

노선도	로센즈	ろせんず (路線図)
티켓/표	치켓또	チケット
자동 발권기	켐바이키	けんばいき (券売機)
교통카드	아이씨- 카-도	あいしーかーど (ICカード)
스이카 카드	스이카 카-도	すいかかーど (Suicaカード)
파스모 카드	파스모 카-도	ぱすもかーど (PASMOカード)
승차권	죠-샤켄	じょうしゃけん (乗車券)
환승	노리카에	のりかえ (乗り換え)

도착역	토-챠쿠 에끼	とうちゃくえき (到着駅)
일반*	후쯔-	ふつう (普通)
급행	큐-코-	きゅうこう (急行)
충전	챠-지	チャージ
잔액	잔다카	ざんだか (残高)
선택	센타쿠	せんたく (選択)
확인	카쿠닝	かくにん (確認)
부족	후소쿠	ふそく (不足)

오류/에러	에라-	エラー
엘리베이터	에레베-타-	エレベーター
에스컬레이터	에스카레-타-	エスカレーター

＊(열차/버스) 일반
일본의 모든 열차나 버스에는 '일반'이라는 표현을 붙이는데, 이를 '후쯔-'라고 해. 또는 '모든 역에 선다'는 뜻으로 '카쿠에키테-샤(각역 정차)'라고도 해!

03 버스 타러 가자

일본은 전철뿐만 아니라 버스 노선도 잘 정비되어 있어서 여행 중에 꼭 한 번은 이용하게 될 거야. 특히 관광지를 연결하는 시내버스, 지역을 오가는 고속버스, 그리고 공항 리무진 버스까지 종류도 다양해. 그런데 일본 버스는 우리랑 탑승 방식이나 요금 내는 방법이 조금 달라서 처음엔 헷갈릴 수 있어.

일단 탈 때부터 달라! 한국에서는 앞문으로 타고 뒷문으로 내리는 경우가 많지만, 일본은 보통 뒷문으로 타고 앞문으로 내려. 버스를 탈 때 **세-리켄(정리권, 번호표)**을 뽑아야 하는 경우도 있는데, 이건 내가 탄 정류장을 표시하는 거야. 내릴 때는 버스 앞쪽 스크린에 내 정리권 번호에 해당하는 요금이 표시되니까 그걸 보고 정확한 요금을 내면 돼. 버스에 따라 요금이 균일 요금제일 수도 있고, 거리에 따라 달라지는 경우도 있으니까 확인해보는 게 좋아. 만약 환전이 필요하다면 **"료-가에 오네가이시마스(환전해 주세요)"**라고 하면 기사님이 지폐를 동전으로 바꿔주실 거야! 그리고 스이카(Suica)나 이코카(ICOKA) 같은 교통카드를 사용할 수 있는 버스도 있지만, 지방에서는 현금만 되는 경우도 있으니까 잔돈은 꼭 준비해두자!

버스에서 내릴 때 사람이 많다면 "**스미마셍(실례합니다)**" 하고 벨을 누르면 돼.

처음엔 버스 노선이나 요금 체계가 복잡해 보일 수 있지만, 몇 번만 경험하면 일본 버스도 충분히 익숙해질 수 있어! 기사님들도 정말 친절해서 물어보면 도와주실 거야.

그럼 이제, 일본 버스를 탈 때 꼭 알아두면 좋은 표현들을 함께 살펴볼까?

🌸 버스 관련

버스	바스	バス
시내버스	로센 바스	ろせんばす (路線バス)
고속버스	코-소쿠 바스	こうそくばす (高速バス)

리무진 버스	리무진 바스	リムジンバス
버스 정류장	바스테-	ばすてい (バス停)
승차	죠-샤	じょうしゃ (乗車)
하차	코-샤	こうしゃ (降車)
운임/요금	운찡	うんちん (運賃)
현금	겡낑	げんきん (現金)
교통카드	아이씨- 카-도	あいしーかーど (ICカード)
스이카 카드	스이카 카-도	すいかかーど (Suicaカード)

파스모 카드	파스모 카-도	ぱすもかーど (PASMOカード)
앞문	마에노 도아	まえのどあ (前のドア)
뒷문	우시로노 도아	うしろのどあ (後ろのドア)
안내 방송	샤나이 호-소-	しゃないほうそう (車内放送)
하차 벨	코-샤 보탕	こうしゃぼたん (降車ボタン)
종점	슈-텐	しゅうてん (終点)
노선도	로센즈	ろせんず (路線図)
시간표	지코쿠효-	じこくひょう (時刻表)

번호표/ 정리권	세-리켄	せいりけん (整理券)
잔돈	코제니	こぜに (小銭)
지폐	시헤-	しへい (紙幣)
거스름돈	오쯔리	おつり (お釣り)
동전 교환기	료-가에키	りょうがえき (両替機)
교통카드 리더기	카-도 리-다-	カードリーダー

 **04 택시 타러 가자**

짐이 많거나 대중교통이 애매한 곳으로 이동할 땐 택시가 정말 유용해. 특히 야간이나 지방 여행 중일 때는 버스나 전철이 끊긴 후 마지막 수단으로도 자주 이용하게 되지.

일본 택시는 전반적으로 깨끗하고 친절하기로 유명해. 다만, 요금이 비싸기도 하고, 처음 타보면 의외로 낯선 문화가 많으니 미리 알고 가면 좋겠지? 일단, 문을 직접 열지 마! 일본 택시는 대부분 뒷문이 자동으로 열리고 닫혀. 기사님이 직접 조작해주는 시스템이야. 괜히 문을 억지로 열려고 하면 기사님이 깜짝 놀랄 수도 있어.

택시에서 가장 고민되는 건 역시 목적지 말하기겠지? 큰 호텔이나 역, 유명 관광지 정도는 기사님이 알고 있지만, 작은 숙소나 가게는 일본어로 말해야 할 수도 있어. 그럴 땐 주소가 적힌 메모를 보여주거나 지도를 휴대폰으로 보여주는 게 제일 확실해! 혹시라도 일본어가 걱정된다면 "**코코마데 오네가이시마스(여기로 가주세요)**"만 외워두면 딱이야!

또, 일본은 심야 시간(보통 밤 10시~새벽 5시)에 택시 요금이 20% 정도 할증된다는 것도 알아둬. 카드 결제가 가능한 택시도 있지만, 지방이나 구형 차량은 현금만 되는 경우도 있으니 현금도 항상 준비해두자.

마지막으로, 내릴 땐 꼭 "**아리가토-고자이마스(감사합니다)**!"라고 인사해보자. 일본 택시 기사님들은 대부분 정중하고 친절하니까 작은 인사에도 따뜻하게 반응해주실 거야. 처음에는 살짝 긴장될 수도 있지만, 몇 가지 표현만 알고 있으면 일본 택시도 전혀 어렵지 않아!

그럼 이제, 택시를 탈 때 필요한 유용한 표현들을 하나씩 같이 살펴보자고!

🌸 택시 관련

택시	타쿠시-	タクシー
목적지	모꾸테키치	もくてきち (目的地)
주소	쥬-쇼	じゅうしょ (住所)
호텔	호테루	ホテル
역	에끼	えき (駅)
공항	쿠-코-	くうこう (空港)
병원	뵤-잉	びょういん (病院)

지도	치즈	ちず (地図)
영수증	료-슈-쇼	りょうしゅうしょ (領収書)
자동문	지도- 도아	じどうどあ (自動ドア)
앞자리	죠슈세키	じょしゅせき (助手席)
뒷자리	코-부 자세키	こうぶざせき (後部座席)
요금	료-킹	りょうきん (料金)
미터기	메-타-	メーター
기본요금	하쯔노리	はつのり (初乗り)

심야 요금	싱야 료-킹	しんやりょうきん (深夜料金)
현금	겡낑	げんきん (現金)
카드	카-도	カード
운전기사	운텐슈	うんてんしゅ (運転手)
택시 타는 곳	타쿠시- 노리바	たくしーのりば (タクシー乗り場)
신호등	싱고-	しんごう (信号)
고속도로	코-소쿠 도-로	こうそくどうろ (高速道路)
교차로/ 사거리	코-사텐	こうさてん (交差点)

내비게이션	**카-나비**	カーナビ
트렁크	**토랑쿠**	トランク
정차	**테-샤**	ていしゃ (停車)
골목	**로지**	ろじ (路地)

 **05 기차 타러 가자**

일본 여행 중에 도시 간 이동을 하거나 조금 멀리 나들이를 갈 때는 기차를 이용하는 경우가 많아. 특히 일본의 신칸센은 세계적으로 유명한 초고속열차인데, 빠르고 운행 시간이 정확해서 정말 편리해. 기차를 잘 활용하면 도쿄에서 오사카, 후쿠오카, 삿포로까지 전국을 여행할 수도 있어!

기차는 보통 JR(일본 철도)이 운영하고 있어. 기차를 탈 때는 미리 표를 구매해야 하는데, 창구에서 직접 사거나 자동 발권기를 이용하면 돼. 요즘은 온라인으로 예약하고 QR코드로 발권하는 등 점점 편리해지고 있어. 기차표를 보면 조금 헷갈릴 수 있는데, 열차 이름, 출발 시간, 좌석 번호, 칸 번호가 다 적혀 있으니까 잘 확인해야 해. 신칸센이나 일부 특급 열차는 지정 좌석제라서 내 좌석을 찾아서 앉아야 하고, 플랫폼에서도 내 칸이 정차하는 위치에 미리 줄을 서는 문화가 있어. 바닥이나 기둥에 칸 번호가 적혀 있으니까 잘 보고 서 있으면 돼! 만약 내 좌석을 정말 모르겠다면 승무원이나 같이 탄 승객에게 티켓을 보여주면서 **"코레와 도코노 세키데스까(여기는 어느 좌석입니까?)"** 하고 물어보면 돼. 대부분 친절하게 안내해줄 거야.

또 일본 기차는 정숙한 분위기를 중요하게 생각해. 전화 통화는 삼가고, 음식이나 음료는 되도록 조용히 먹는 게 좋아. 신칸센에는 도시락이나 음료를 파는 판매원이 돌아다니기도 해서 긴 시간 이동할 때는 간단한 식사를 즐길 수도 있어! 기차로 이동하는 동안 창밖 풍경을 보는 재미도 쏠쏠하고, 편안한 좌석에서 잠깐 눈을 붙여도 돼. 기차 안에서는 짐칸이나 수하물 보관 규칙도 있으니, 큰 캐리어를 가지고 있다면 칸 끝쪽에 있는 짐칸에 놓아두는 것도 잊지 마. 몇 번만 이용해보면 금방 익숙해질 거니까 걱정은 말고! 만약 '짐칸이 여기가 맞나?' 하는 의심이 들거나 헷갈린다면 물어보면 돼. "**코코니 오이테모 이-데스까(여기에 두어도 괜찮나요?)**"라고. 내 짐은 소중하니까!

그럼 이제, 기차를 탈 때 필요한 표현들을 하나씩 익혀볼까?

🌸 기차 관련

기차	렛샤	れっしゃ (列車)
신칸센	싱칸센	しんかんせん (新幹線)
JR	제-아루	ジェイアール
승강장/플랫폼	호-무	ホーム
승강장 번호	반센	ばんせん (番線)
티켓/표	킵뿌	きっぷ (切符)
자유석	지유-세키	じゆうせき (自由席)

지정석	시테-세키	していせき (指定席)
입석	타찌세키	たちせき (立ち席)
-호차	고-샤	ごうしゃ (〜号車)
좌석 번호	자세키 방고-	ざせきばんごう (座席番号)
출발역	슙빠츠 에끼	しゅっぱつえき (出発駅)
도착역	토-챠쿠 에끼	とうちゃくえき (到着駅)
창구	마도구찌	まどぐち (窓口)
자동 발권기	켐바이키	けんばいき (券売機)

시간표	지코쿠효-	じこくひょう (時刻表)
출발 시간	슙빠츠 지코쿠	しゅっぱつじこく (出発時刻)
열차 이름	렛샤메-	れっしゃめい (列車名)
열차 번호	렛샤 방고-	れっしゃばんごう (列車番号)
특급	톡큐-	とっきゅう (特急)
쾌속	카이소꾸	かいそく (快速)
일반 열차	후쯔- 렛샤	ふつうれっしゃ (普通列車)
야간 열차	야코- 렛샤	やこうれっしゃ (夜行列車)

예약	요야쿠	よやく (予約)
왕복	오-후쿠	おうふく (往復)
편도	카타미찌	かたみち (片道)
타는 곳	노리바	のりば (乗り場)
화장실	토이레	トイレ
분실물 센터	와스레모노 센타-	わすれものせんたー (忘れ物センター)
짐칸	니모쯔 오키바	にもつおきば (荷物置き場)
좌석	자세키	ざせき (座席)

통로석	쯔-로가와 세키	つうろがわせき (通路側席)
창가석	마도가와 세키	まどがわせき (窓側席)
역 도시락	에키벤	えきべん (駅弁)
식당 칸	쇼쿠도-샤	しょくどうしゃ (食堂車)
카페 칸	카훼 카-	カフェカー
와이파이	와이화이	ワイファイ
수하물 선반	니모쯔다나	にもつだな (荷物棚)
자동문	지도- 도아	じどうどあ (自動ドア)

04

쿠로미와 구경하러 가자

- **01** 관광지에서 무조건 쓰는 표현들
- **02** 온천 체험하러 가자
- **03** 축제 즐기러 가자
- **04** 유명 관광지 구경하러 가자
- **05** 놀이공원에 놀러 가자

일본을 눈에 담아보자!

일본에는 꼭 가봐야 할 유명한 관광지가 정말 많아. 성, 사찰, 박물관, 테마파크, 미술관까지. 지역마다 분위기가 전혀 달라서 여행하는 재미도 두 배야!

관광지마다 입장 가능한 시간이 다르기 때문에 운영 시간 확인은 필수야! 유료 관광지라면 입장권을 구입해야 하는데, '**한 명입니다**'라고 하고 싶으면 "**히토리데스**", '**두 명입니다**'라고 하려면 "**후타리데스**"라고 하면 돼. 그리고 계산할 때 카드로 결제하고 싶으면 "**카-도 데끼마스까(카드 되나요?)**"라고 물어보면 돼!

 **매표소**(194p.)

멋진 풍경이나 건물 앞에 서면 자연스럽게 사진을 찍고 싶어지겠지? 우선 사진 촬영이 가능한 곳인지 확인해봐! 금지되어 있다면 **撮影禁止(촬영 금지)**라는 안내 문구가 보일 거야. 그리고 기념사진 찍는 장소는 보통 **撮影スポット(포토 존)**라고 적혀 있어. 다른 사람에게 사진을 요청하고 싶다면 "**샤신 톳테 모라에마스까(사진 찍어주실 수 있나요?)**"라고 물어보면 돼. 대부분은 흔쾌히 찍어줄 거야.

🌸 **사진 촬영 및 요청(196p.)**

관광지에서 오디오 가이드나 팸플릿, 지도 등을 요청하고 싶다면 "**온세-가이도/팡후렛토/맙뿌 아리마스까(오디오 가이드/팸플릿/지도 있나요?)**"라고 물어보면 돼.

💠 **관광지에서(198p.)**

마지막으로, 관광지 구경을 마치면 빠질 수 없는 건 기념품이지? '**기념품 가게**'는 '**바이텐**'이라고 하고, '**기념품**'은 '**오미야게**'라고 해. 잠깐 쉴 수 있는 카페나 벤치, 자동 판매기도 자

주 보이니 지칠 때는 부담 없이 이용해봐!

🌼 **기념품 관련**(200p.)

관광지에선 말보다 지명, 명사, 표지판, 팸플릿이 정말 유용해. 표지만 잘 보고 단어 하나만 알아도 충분히 즐길 수 있어! 이제 일본의 멋진 관광지들, 하나씩 둘러볼까?

01 관광지에서 무조건 쓰는 표현들

관광지에서 무조건 쓸 수밖에 없는 표현들이 있어. 관광지에서 빠질 수 없는 것 중 하나가 포토타임이지? 그때 다른 사람에게 사진 촬영을 요청하는 표현도 미리 알아두면 좋을 거야. 또, 입장권 등 필요한 어휘들도 있을 테니 각 관광지마다 필요한 단어들을 같이 알아보자!

🌼 매표소

매표소	킵뿌 우리바	きっぷうりば (切符売り場)
입장권	뉴-죠-켄	にゅうじょうけん (入場券)
티켓/표	치켓또	チケット
요금표	료-킹효-	りょうきんひょう (料金表)

일반	입빤	いっぱん (一般)
어른	오또나	おとな (大人)
어린이	코도모	こども (子供)
학생	각세-	がくせい (学生)
외국인*	가이코쿠진	がいこくじん (外国人)
자동 발권기	켐바이키	けんばいき (券売機)
카드	카-도	カード
현금	겡낑	げんきん (現金)

할인*	**와리비끼**	わりびき (割引)

무료	**무료-**	むりょう (無料)

유료	**유-료-**	ゆうりょう (有料)

＊ 외국인 할인

일부 놀이공원이나 지역 관광지, 박물관 등에서는 외국인(가이코쿠진)에게 할인(와리비키)을 제공하기도 해. 그럴 땐 '가이코쿠진 와리비키'라고 해. 여권 제시가 필수겠지?

🌸 사진 촬영 및 요청

사진	**샤신**	しゃしん (写真)

사진 촬영	**샤신 사쯔에-**	しゃしんさつえい (写真撮影)

촬영 가능	**사쯔에- 카**	さつえいか (撮影可)

한국어	발음	일본어
촬영 금지	사쯔에- 킨시	さつえいきんし (撮影禁止)
포토 존	사쯔에- 스폿토	さつえいすぽっと (撮影スポット)
셀카	지도리	じどり (自撮り)
삼각대	상캬꾸	さんきゃく (三脚)
한 장	이찌마이	いちまい (一枚)
두 장	니마이	にまい (二枚)
함께	잇쇼니	いっしょに (一緒に)
혼자서	히토리데	ひとりで (一人で)

부탁	오네가이	おねがい (お願い)

🌸 관광지에서

설명	세쯔메-	せつめい (説明)
입구	이리구찌	いりぐち (入口)
출구	데구찌	でぐち (出口)
해설	카이세쯔	かいせつ (解説)
안내문	안나이	あんない (案内)
입장	뉴-죠-	にゅうじょう (入場)

팸플릿	팡후렛또	パンフレット
지도	맙뿌	マップ
오디오 가이드	온세- 가이도	おんせいがいど (音声ガイド)
금지	킨시	きんし (禁止)
주의	츄-이	ちゅうい (注意)
계단	카이단	かいだん (階段)
코인 로커/ 물품 보관함	코인 록까-	コインロッカー
유모차 대여	베비-카- 렌타루	ベビーカー レンタル

| 휠체어 대여 | 쿠루마이스 렌타루 | くるまいすれんたる (車椅子レンタル) |

🌼 기념품 관련

특산물/ 기념품	오미야게	おみやげ (お土産)
매점/ 기념품 가게	바이텐	ばいてん (売店)
한정 상품	겐테- 굿즈	げんていぐっず (限定グッズ)
샘플	삼푸루	サンプル
엽서	포스토카-도	ポストカード
선물 포장	기후토 호-소-	ぎふとほうそう (ギフト包装)

02 온천 체험하러 가자

김이 모락모락 피어오르는 노천탕에 몸을 담그고, 조용히 주변 풍경을 바라보는 순간, 이보다 더 일본스러운 경험이 있을까?

일본은 예로부터 온천 문화가 발달해서 유명한 온천 마을이나 리조트는 물론이고, 작은 마을에도 아기자기한 온천 시설이 많아. 온천은 단순히 씻는 장소가 아니라 몸과 마음을 정화하고 쉬어가는 공간이야. 그래서 들어가기 전에 몇 가지 예절을 알아두면 좋아! 예를 들어, 탕에 들어가기 전에는 반드시 깨끗이 씻고 들어가야 하고, 수건이나 머리는 탕 안에 담그면 안 돼. 탕 안에서는 조용히 쉬는 분위기라 큰 소리로 대화하는 건 삼가야 하고. 하지만 이 모든 예절을 지킨다면 즐길 자격은 충분하지! 따끈한 온천에 들어가서 멋진 경치를 바라보고 있노라면 아마 저절로 "**키모치이-~~(기분 좋다~~)**"라는 한마디가 흘러나올 거야. '일본 여행을 왔구나' 실감하는 순간이겠지?

문신(타투)이 있는 경우에는 입장이 제한될 수도 있어. 최근엔 외국인 관광객을 위한 타투 커버 스티커나 타투 OK 시설도 조금씩 늘어나고 있으니까 미리 확인해두자.

유카타를 입고 온천 마을 거리를 걷거나, 조용한 료칸에서 하루를 마무리하는 것도 정말 근사한 경험이야. 계절마다 다른 풍경을 바라보며 온천을 즐기면 그 순간이 여행 최고의 순간이 될 거야.

그럼, 온천을 제대로 즐기기 위해 알아두면 좋은 표현들을 함께 배워볼까?

🌸 온천 체험 관련

온천	온센	おんせん (温泉)
노천탕	로템부로	ろてんぶろ (露天風呂)
실내탕	우치유	うちゆ (内湯)
대욕장	다이요꾸죠-	だいよくじょう (大浴場)

족욕탕	**아시유**	あしゆ (足湯)
남탕	**오또꼬유**	おとこゆ (男湯)
여탕	**온나유**	おんなゆ (女湯)
수건/타월	**타오루**	タオル
바디타월	**바스타오루**	バスタオル
샴푸	**샴푸-**	シャンプー
린스	**린스**	リンス
바디워시	**보디소-푸**	ボディソープ

빗	쿠시	くし
드라이기	도라이야-	ドライヤー
로커/사물함	록까-	ロッカー
로커 키	록까- 키-	ロッカーキー
탈의실	다쯔이죠	だついじょ (脱衣所)
휴식 공간	큐-케-죠	きゅうけいじょ (休憩所)
자판기	지항키	じはんき (自販機)
매점	바이텐	ばいてん (売店)

유카타	유카타	ゆかた (浴衣)
문신*	이레즈미	いれずみ (入れ墨)
문신 커버 스티커	이레즈미 카바-	いれずみかばー (入れ墨カバー)
매너/예절	마나-	マナー
입욕	뉴-요꾸	にゅうよく (入浴)
온천수	온센스이	おんせんすい (温泉水)
사우나	사우나	サウナ
마사지	맛사-지	マッサージ

이용 시간	리요- 지캉	りょうじかん (利用時間)
이용 요금	리요- 료-킹	りょうりょうきん (利用料金)
어른	오또나	おとな (大人)
어린이	코도모	こども (子供)
운영시간	웅에- 지캉	うんえいじかん (運営時間)

* 문신

일본에서는 '문신'을 '이레즈미'라고 하는데, 최근에는 현대적인 패션 문신을 칭하는 '타투-'라고 표기하기도 해. 그리고 일본 온천에서는 종종 문신한 사람의 입장이 거절되기도 해. 그래서 문신한 사람은 살색으로 테이핑을 해야 할 수도 있어. 다른 사람들에게 공포감을 줄 수 있기 때문이야. 문신이 조금이라도 있다면 확인해보는 게 좋아!

 **03 축제 즐기러 가자**

'마츠리(축제)'라는 단어를 들으면 벌써부터 북소리와 활기찬 사람들의 모습이 떠오르지 않아? 일본은 계절마다, 지역마다 다양한 전통 축제가 열리기 때문에 언제 방문해도 구경거리가 있는 나라야. 여름에는 화려한 불꽃축제, 가을에는 단풍과 함께하는 마을 잔치, 그리고 겨울에는 환상적인 눈 축제까지! 그 지역의 분위기를 가장 생생하게 느낄 수 있는 순간이 바로 이 축제일지도 몰라.

마츠리(축제)에서는 전통 복장을 입은 사람들, 장식된 수레, 그리고 밤하늘을 수놓는 불꽃놀이까지, 눈이 바쁠 정도야. 길거리에는 맛있는 **야타이(포장마차)**도 가득하고, 링 던지기나 금붕어 잡기 같은 소소한 놀이 체험도 할 수 있어서 어른, 아이 모두 즐길 수 있어. 놀이를 시도하기 전에 **"오모시로소-!(재밌겠다!)"**라고 한마디 해주면 나도 신나고, 사장님도 신나겠지?

행렬이 지나갈 땐 길 비켜주기, 사진 찍을 때는 주변 사람들에게 방해되지 않기, 쓰레기는 꼭 분리해서 지정된 장소에 버리기! 이런 작은 배려가 축제를 더욱 즐겁게 만들어줘. 또, 유카타를 입고 축제를 즐기는 사람들도 많으니까 기회가 된다면 한번쯤 입어보는 것도 특별한 추억이 될 거야!

밤하늘에 펑펑 터지는 불꽃을 배경으로 사진을 남기면 정말 일본 영화 속 주인공이 된 기분이겠지?
그럼 이제, 축제를 더욱 생생하게 즐길 수 있는 표현들을 같이 배워보자!

🌼 마쯔리 관련

축제/마쯔리	마쯔리	まつり (祭り)
여름 축제	나쯔 마쯔리	なつまつり (夏祭り)
불꽃축제	하나비 타이카이	はなびたいかい (花火大会)
신사	진쟈	じんじゃ (神社)
포장마차	야타이	やたい (屋台)

한국어	발음	일본어
유카타	유카타	ゆかた (浴衣)
나무 샌들	게타	げた (下駄)
입장료	뉴-죠-료-	にゅうじょうりょう (入場料)
안내소	안나이죠	あんないじょ (案内所)
기념사진	키넨 샤신	きねんしゃしん (記念写真)
금붕어 잡기	킹교 스쿠이	きんぎょすくい (金魚すくい)
사격 게임	샤테키	しゃてき (射的)
마츠리 춤	봉오도리	ぼんおどり (盆踊り)

소원종이	네가이 후다	ねがいふだ (願い札)
식권	숏켄	しょっけん (食券)
전등 장식	마쯔리 카자리	まつりかざり (祭り飾り)
부적	오마모리	おまもり (お守り)
번호표/ 정리권	세-리켄	せいりけん (整理券)
한정 상품	켄테- 굿즈	げんていぐっず (限定グッズ)
화장실	토이레	トイレ
임시 화장실	카세쯔 토이레	かせつといれ (仮設トイレ)

흡연 구역	키쯔엔죠	きつえんじょ (喫煙所)
금연 구역	킹엔 에리아	きんえんえりあ (禁煙エリア)
휴식 공간	큐-케- 스페-스	きゅうけいすぺーす (休憩スペース)
관람석	칸란세키	かんらんせき (観覧席)

04 유명 관광지 구경하러 가자

일본에는 꼭 한 번쯤 가보고 싶은 관광지가 참 많아. 교토의 조용한 절과 붉은 도리이가 이어진 신사, 도쿄 스카이트리에서 내려다보는 도시의 야경, 후지산이 보이는 호숫가까지, TV나 사진 속에서만 보던 장면들이 실제로 눈앞에 펼쳐지는 순간, 여행 중임을 새삼 실감하게 될 거야.

일본의 관광지는 지역마다 매력이 뚜렷해서 어디를 가든 전혀 다른 분위기를 느낄 수 있어. 교토의 신사에서는 조용하고 정적인 일본의 전통적인 분위기를 느낄 수 있고, 오사카의 도톤보리나 도쿄의 하라주쿠 같은 번화가에서는 활기차고 현대적인 일본을 만날 수 있지.

관광지에 갈 때는 필히 입장 시간, 입장료, 사진 촬영 가능 여부를 미리 확인해두는 게 좋아. 그리고 신사나 절 같은 곳에서는 예의를 지키는 태도도 아주 중요해. 너무 시끄럽게 말하거나, 신성한 공간에서 사진을 무분별하게 찍는 건 피해야 해. 또 신사에서 손을 씻고 참배하는 방법 같은 간단한 예절을 알고 있으면 현지인처럼 자연스럽게 행동할 수 있겠지?

기념품점이나 전통 간식을 파는 가게도
관광지 근처에 많은데, 그 지역에서만
만날 수 있는 한정 상품도 많으니까 놓
치지 마. 걸으면서 구경하고, 멈춰서 사

진 찍고, 가볍게 먹고. 그 모든 순간이 여행의 풍경이 되어줄 거야.
자, 이제 일본의 매력을 가득 담은 관광지들을 직접 만나러 가보자!

🌺 관광지 관련

관광지	캉코-치	かんこうち (観光地)
명소	메-쇼	めいしょ (名所)
절	오테라	おてら (お寺)
신사	진쟈	じんじゃ (神社)

전망대	템보-다이	てんぼうだい (展望台)
성/고성	오시로	おしろ (お城)
정원	테-엔	ていえん (庭園)
전통 거리	후루이 마치나미	ふるいまちなみ (古い町並み)
골목	로지	ろじ (路地)
박물관	하쿠부쯔캉	はくぶつかん (博物館)
미술관	비쥬쯔캉	びじゅつかん (美術館)
역사관	레키시캉	れきしかん (歴史館)

기념관	키넹칸	きねんかん (記念館)
관광 지도	캉코- 맙뿌	かんこうまっぷ (観光マップ)
입장권	뉴-죠-켄	にゅうじょうけん (入場券)
매표소	킵뿌 우리바	きっぷうりば (切符売り場)
안내소	안나이죠	あんないじょ (案内所)
팸플릿	팡후렛또	パンフレット
한국어	캉코쿠고	かんこくご (韓国語)
무료	무료-	むりょう (無料)

유료	유-료-	ゆうりょう (有料)
대여	렌타루	レンタル
코인 로커/ 물품 보관함	코인 록까-	コインロッカー
벤치	벤치	ベンチ
입구	이리구찌	いりぐち (入口)
출구	데구찌	でぐち (出口)
실내	시쯔나이	しつない (室内)
야외	오꾸가이	おくがい (屋外)

단풍*	코-요-	こうよう (紅葉)
벚꽃	사쿠라	さくら (桜)
산책로	산사쿠로	さんさくろ (散策路)
표지판	캄반	かんばん (看板)
안내문	세쯔메-가키	せつめいがき (説明書き)
오디오 가이드	온세- 가이도	おんせいがいど (音声ガイド)
단체 투어	단타이 쯔아-	だんたいつあー (団体ツアー)
가이드북	가이도북꾸	ガイドブック

기념 스탬프	키넨 스탐뿌	きねんすたんぷ (記念スタンプ)
문화재	붕카자이	ぶんかざい (文化財)
유산	이산	いさん (遺産)

* 단풍

'코-요-'는 단풍이 드는 자연 현상 자체를 뜻해. 단풍과 관련해서 '모미지'라는 단어도 있는데, 이건 단풍잎, 단풍나무 종류를 일컫는 거야. 조금 달라.

05 놀이공원에 놀러 가자

일본에는 꼭 가봐야 할 유명한 놀이공원이 많아. 도쿄 디즈니랜드, 유니버설 스튜디오 재팬(USJ) 같은 곳이 대표적이지. 가족여행이든 친구와 함께든, 하루 종일 신나게 놀 수 있는 장소야.

놀이공원에 가면 가장 먼저 해야 할 일은 입장권 구매야! 요즘은 온라인으로 예약해서 QR코드로 바로 입장하는 경우가 많지만, 현장에서 구입할 수도 있어. 입장 후에는 각 어트랙션 앞에서 대기 시간이 얼마나 되는지 확인해보고, 인기 놀이기구는 패스트패스나 예약권으로 빨리 탈 수도 있어.

놀이공원 안에는 캐릭터 굿즈 매장과 푸드코트, 아이스크림 가게도 많아. 어트랙션을 타다 보면 목이 마르거나 배가 고플 테니까 중간중간 쉬면서 간식도 즐겨봐. 그리고 나올 때는 **오미야게(기념품)**도 잊지 말고 챙기자! 특히 지역 한정 캐릭터 상품은 여기서만 살 수 있으니까 꼭 구경해봐!

그럼 이제, 놀이공원에서 어떤 표현을 알아두면 좋을지 하나씩 살펴볼까?

🌼 놀이공원 관련

놀이공원/유원지	유-엔치	ゆうえんち (遊園地)
테마파크	테-마파-크	テーマパーク
놀이기구/어트랙션	아토라쿠숀	アトラクション
관람차	칸란샤	かんらんしゃ (観覧車)
롤러코스터	젯토코-스타-	ジェット コースター
회전목마	메리-고-란도	メリーゴーランド
VR 체험	부이아-루 타이켄	ぶいあーるたいけん (VR体験)

키즈 존	**킷즈 에리아**	キッズエリア
대기 시간	**마치지캉**	まちじかん (待ち時間)
패스트패스	**화스토파스**	ファストパス
예약권	**요야쿠켄**	よやくけん (予約券)
이용권	**리요-켄**	りようけん (利用券)
입장권	**뉴-죠-켄**	にゅうじょうけん (入場券)
매표소	**치켓또 우리바**	ちけっとうりば (チケット売り場)
고객센터	**잉훠메-숀**	インフォメーション

대여소	렌타루 코-나-	レンタルコーナー
코인 로커/ 물품 보관함	코인 록까-	コインロッカー
화장실	토이레	トイレ
유모차 대여	베비-카- 렌타루	ベビーカー レンタル
휠체어 대여	쿠루마이스 렌타루	くるまいすれんたる (車椅子レンタル)
휴식 공간	큐-케-죠	きゅうけいじょ (休憩所)
퍼레이드	파레-도	パレード
쇼	쇼-	ショー

포토 존	훠또 스폿또	フォトスポット
불꽃놀이	하나비	はなび (花火)
푸드코트	후-도코-토	フードコート
아이스크림 가게	아이스쿠리-무 숍뿌	アイスクリームショップ
음료	도링쿠	ドリンク
특산물/기념품	오미야게	おみやげ (お土産)
팝콘	폽뿌코-온	ポップコーン

05
마이멜로디와 쉬러 가자

- **01** 숙소에서 무조건 쓰는 표현들
- **02** 호텔에 쉬러 가자
- **03** 료칸에 쉬러 가자
- **04** 에어비앤비에 쉬러 가자
- **05** 게스트하우스에 쉬러 가자

일본에서 힐링타임을 가져보자!

여행에서 가장 기다려지는 순간 중 하나는 바로 하루를 마무리하고 숙소로 돌아가는 길이 아닐까? 긴 하루를 보내고 나서 포근한 침대에 몸을 맡기면, '아, 진짜 여행을 왔구나' 하고 실감이 나지. 일본에는 다양한 스타일의 숙소가 있어서 여행 목적이나 분위기에 따라 선택할 수 있는 폭이 넓어.

호텔처럼 익숙하고 편리한 곳에서 묵는 것도 좋고, 료칸에서 유카타를 입고 다다미방에 누워 온천까지 즐기며 일본을 만끽하는 것도 특별한 경험이야. 요즘은 에어비앤비를 통해 현지 집처럼 꾸며진 공간에서 현지인의 일상 속에 녹아드는 기분을 느껴볼 수도 있고, 게스트하우스에서 전 세계 여행자들과 교류하면서 색다른 인연을 만들 수도 있어.

숙소는 단순히 잠만 자는 곳이 아니라 내일을 위한 에너지를 충전하는 공간이자 여행의 분위기를 결정 짓는 중요한 요소야. 각 숙소마다 체크인 방법, 시설 이용 방식, 지켜야 할 매너 등이 조금씩 다르니까 미리 알고 가면 훨씬 편하고 여행의 피로도 덜할 거야.

먼저, 체크인할 때에는 "**첵꾸인 오네가이시마스**"라고 하면 돼. "**체크인해주세요**"라는 뜻이야! 예약 번호나 여권을 보여주면 돼. 숙소에 들어가면 수건, 슬리퍼, 어메니티, 에어컨, 와이파이 등을 먼저 확인하는 게 좋아. 혹시나 없는 게 있다면, "○○ **오네가이시마스(○○ 부탁합니다)**"라고 하면 돼.

 **체크인**(228p.)

체크아웃할 때에는 "**첵꾸아우또 오네가이시마스**(체크아웃해 주세요)"라고 하면 돼. 간단하지? 아! 혹시 짐을 맡겨야 한다면 "**니모쯔 아즈케테모 이-데스까**(짐 맡겨도 되나요?)"라고 물어보면 돼. 그럼 짐을 맡아줄 거야.

🌼 **체크아웃**(231p.)

자, 그럼 오늘은 어디에서 편안하게 쉬어볼까?

 ## 01 숙소에서 무조건 쓰는 표현들

숙소에서는 현지인과의 대화를 피할 수 없어. 체크인하려면 직원과 이야기를 나누어야 하고, 또 숙소에 요청할 사항들도 있을 테고 말이야. 그러니 내가 원하는 것을 아주 간단히 단어로라도 말할 수 있으면 편하겠지?

자, 이제 숙소에서 필요한 표현에는 어떤 것들이 있는지 살펴볼까?

🌼 체크인

프런트	후론토	フロント
체크인	첵꾸인	チェックイン
예약	요야쿠	よやく (予約)
예약자 이름	요야쿠샤메-	よやくしゃめい (予約者名)

예약 번호	요야쿠 방고-	よやくばんごう (予約番号)
여권	파스포-또	パスポート
방	헤야	へや (部屋)
객실	캬쿠시쯔	きゃくしつ (客室)
룸 키/ 객실 열쇠	루-무 키-	ルームキー
비밀번호	안쇼- 방고-	あんしょうばんごう (暗証番号)
도어락	록꾸	ロック
체류 기간	타이자이 키캉	たいざいきかん (滞在期間)

숙소에서

침대	벳도	ベッド
이불/요	후통	ふとん (布団)
베개	마쿠라	まくら (枕)
수건/타월	타오루	タオル
슬리퍼	스립빠	スリッパ
어메니티	아메니티	アメニティ
에어컨	에아콩	エアコン

난방/히터	담보-	だんぼう (暖房)
와이파이	와이화이	ワイファイ
콘센트	콘센또	コンセント
충전기	쥬-뎅키	じゅうでんき (充電器)
쓰레기통	고미바코	ごみばこ (ゴミ箱)

🌸 체크아웃

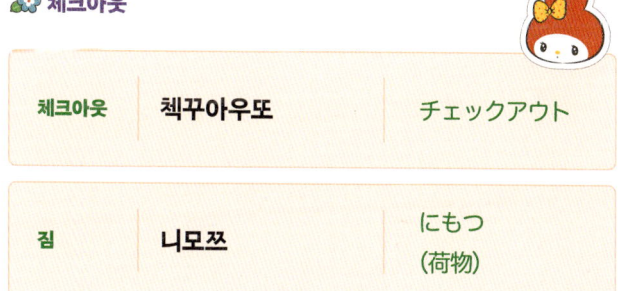

체크아웃	첵꾸아우또	チェックアウト
짐	니모쯔	にもつ (荷物)

가방	카방	かばん
캐리어	스-쯔케-스	スーツケース
결제	시하라이	しはらい (支払い)
영수증	료-슈-쇼	りょうしゅうしょ (領収書)
택시	타쿠시-	タクシー
현금	겡낑	げんきん (現金)
카드	카-도	カード

 **02 호텔에 쉬러 가자**

일본 여행을 처음 간다면 가장 편하고 익숙하게 묵을 수 있는 곳이 바로 호텔일 거야. 객실도 깔끔하고 서비스도 안정적이라 크게 걱정할 것 없이 쉴 수 있는 공간이지. 특히 도쿄, 오사카 같은 대도시에는 역 근처에 비즈니스 호텔이 정말 많아서 위치도 좋고 접근성도 좋아.

호텔에 도착하면 가장 먼저 해야 할 일은 **첵꾸인(체크인)**! 프런트에 가서 예약자 이름을 말하면 신분증 확인 후 객실 키를 받을 수 있어. "**첵꾸인, 오네가이시마스(체크인 부탁드려요)**"라고 한마디하면 자연스럽게 진행돼. 요즘은 간단한 영어 정도는 통하는 곳도 많고, 외국인을 위한 안내지가 잘 준비되어 있어서 부담 없이 이용할 수 있어.

객실에 들어가면 슬리퍼, 칫솔, 면도기, 수건 등 기본적인 어메니티가 잘 갖춰져 있고, 대부분의 호텔에는 무료 와이파이도 제공돼. 조식이 포함된 호텔이라면 아침 식사 장소와 시간도 체크인할 때 확인해두는 게 좋아. 또, 일본 호텔은 객실이 다소 작은 편이지만 정돈이 잘되어 있어서 작은 공간을 알차게 사용하는 일본 특

유의 감성이 느껴져. 필요한 물건은 리셉션에 요청하면 바로 가져다주기도 하고, 경우에 따라서는 호텔 로비에 어메니티 바가 따로 마련되어 있어서 직접 필요한 걸 가져갈 수도 있어!

하루의 피로를 풀고, 내일을 위한 에너지를 충전할 수 있는 가장 안정적인 공간. 호텔은 언제나 여행자에게 든든한 베이스캠프가 되어줄 거야.

그럼, 호텔에서 유용하게 쓸 수 있는 표현들을 하나씩 살펴볼까?

🌸 호텔 관련

호텔	**호테루**	ホテル
프런트	**후론토**	フロント
룸 키/ 객실 열쇠	**루-무 키-**	ルームキー
객실	**캬쿠시쯔**	きゃくしつ (客室)

싱글 룸	**싱그루 루-무**	シングルルーム
더블 룸	**다부루 루-무**	ダブルルーム
침대	**벳도**	ベッド
욕실	**바스루-무**	バスルーム
화장실	**토이레**	トイレ
어메니티	**아메니티**	アメニティ
룸 서비스	**루-무 사-비스**	ルームサービス
청소*	**세-소-**	せいそう (清掃)

모닝콜	모-닝구 코-루	モーニングコール
로비	로비-	ロビー
컨시어지	콘셰르쥬	コンシェルジュ
룸 업그레이드	루-무 압뿌그레-도	ルーム アップグレード
얼리 체크인	아-리- 첵꾸인	アーリー チェックイン
레이트 체크아웃	레이토 첵꾸아우토	レイト チェックアウト
하우스키핑	하우스 키-핑구	ハウスキーピング
조식 포함	쵸-쇼꾸 츠키	ちょうしょくつき (朝食付き)

조식 불포함	쵸-쇼꾸 나시	ちょうしょくなし (朝食なし)
뷔페	붓훼	ビュッフェ
비즈니스 센터	비지네스 센타-	ビジネスセンター
헬스장	지무	ジム
회의실	카이기시쯔	かいぎしつ (会議室)
택시 예약 서비스	타쿠시- 테하이	たくしーてはい (タクシー手配)
셔틀버스	샤토르 바스	シャトルバス
내선 전화	나이센 뎅와	ないせんでんわ (内線電話)

외선 전화	**가이센 뎅와**	がいせんでんわ (外線電話)

국제 전화	**콕사이 뎅와**	こくさいでんわ (国際電話)

＊청소
일반적으로 방을 청소하거나 하는 행위는 '소-지'라고 하고, 공공기관이나 호텔 등에서 다른 어떤 서비스와 관련된 공식 업무 중 하나로 '청소'를 뜻할 때는 '세-소-'라고 해.

03 료칸에 쉬러 가자

조용한 산속 마을, 나무로 된 미닫이문, 다다미 향이 은은하게 퍼지는 방. 이건 단순한 숙소가 아니라 일본의 전통을 온몸으로 느낄 수 있는 공간, 바로 료칸이야.

료칸은 일반 호텔과 달리, 다다미방에 낮에는 테이블이 놓여 있고 밤에는 이불이 깔리는 구조야. 체크인하면 직원이 직접 방까지 안내해주고, 차와 전통 과자를 내어주는 곳도 많아서 처음엔 조금 낯설 수도 있어. 유카타(간편한 전통 옷)로 갈아입고, 온천욕을 하고, 료칸 안을 여유롭게 산책하는 그 순간, 마치 일본 영화 속 주인공이 된 기분일 거야.

료칸에서는 식사가 포함된 숙박 플랜이 많아. 보통 저녁은 가이세키 요리(정갈한 코스 요리), 아침은 일본식 정식이 나오는데, 정해진 시간에 맞춰 객실이나 식당으로 안내해주는 경우가 많으니까 시간을 꼭 체크해두자. 음식을 남기지 않고 정중하게 먹는 태도도 중요해! 온천이 있는 료칸이라면 탕에 들어가기 전에 반드시 깨끗이 씻고 들어가는 예절을 꼭 지켜야 해. 문신이 있는 경우엔 이용이 제한될 수 있으니 미리 확인하는 것도 잊지 마. 또, 관광지와 가까운 료칸은 외국인 방문객이 많아 간단한 영어 안내가 가능한 경우도 많으니까 너무 걱정하지 말고!

료칸은 조용히 머물면서 힐링하기 좋은 공간이라 시끄러운 대화나 밤늦은 소음은 피하는 게 예의야. 천천히 걷고, 조용히 쉬고, 일본의 정취를 오롯이 느끼다 보면, 어느새 마음까지 차분해지는 걸 느낄 수 있을 거야.

그럼 이제, 료칸에서 편안하게 머물 수 있도록 알아두면 좋은 표현들을 살펴볼까?

🌼 료칸 관련

료칸	**료칸**	りょかん (旅館)
다다미방	**와시쯔**	わしつ (和室)
이불/요	**후통**	ふとん (布団)

좌식 테이블	자타쿠	ざたく (座卓)
유카타	유카타	ゆかた (浴衣)
옷장	오시이레	おしいれ (押し入れ)
옷걸이	항가-	ハンガー
신발장	게타바꼬	げたばこ (下駄箱)
온천	온센	おんせん (温泉)
노천탕	로템부로	ろてんぶろ (露天風呂)
대욕장	다이요꾸죠-	だいよくじょう (大浴場)

탈의실	다쯔이죠	だついじょ (脱衣所)
가족탕	카조쿠부로	かぞくぶろ (家族風呂)
개인탕	카시키리부로	かしきりぶろ (貸切風呂)
샤워실	샤와-루-무	シャワールーム
석식/ 저녁식사	유-쇼꾸	ゆうしょく (夕食)
객실 식사	헤야쇼꾸	へやしょく (部屋食)
다실(차 마시는 공간)	챠시쯔	ちゃしつ (茶室)
송영버스*	소-게- 바스	そうげいばす (送迎バス)

매점/기념품 가게	바이텐	ばいてん (売店)

일정표	닛테-효-	にっていひょう (日程表)

*송영버스

일본 료칸에는 보통 '송영버스'라고 셔틀버스가 있는 경우가 많아. 자연이 있는 외곽에 위치한 곳이 많다 보니 역이나 도심지에서 픽업해서 직접 료칸으로 데려가기도 하거든. 호텔에서도 찾아볼 수 있는 서비스야! 미리 확인하고 싶다면 호텔에 문의해보면 돼.

04 에어비앤비에 쉬러 가자

여행지에서 현지인의 일상을 경험해보고 싶다면 에어비앤비(Airbnb)가 딱이야. 일본의 주택가나 조용한 골목 안 집에서 현지 분위기를 느끼며 하루를 보내는 경험은 호텔이나 료칸과는 또 다른 매력이지.

에어비앤비는 일반 가정집, 아파트, 단독주택, 게스트용 별채 등 형태가 다양해. 방 하나만 빌릴 수도 있고, 집 전체를 통째로 사용할 수도 있어서 여행 스타일이나 동행인에 따라 선택의 폭이 넓은 편이야. 간단한 부엌이 있는 경우엔 마트에서 식재료를 사다가 직접 요리를 해볼 수도 있고, 주택가 근처의 카페나 빵집을 찾아가는 것도 소소한 즐거움이야. 다만, 에어비앤비는 셀프 체크인이 많고, 직원이 상주하지 않는 경우가 대부분이야. 입실 전에 문 열쇠 받는 방법, 와이파이 정보, 쓰레기 정리 방법 같은 안내를 잘 읽어보는 게 중요해! 일본은 이웃에게 피해를 주는 것에 굉장히 민감한 분위기라서 밤에 시끄럽게 하거나 공동 공간을 어지럽히는 건 꼭 피해야 해.

에어비앤비 숙소 근처에는 현지인만 아는 동네 맛집이나 작은 상점들이 많아서 관광지 중심의 숙박과는 다른 조용하고 자연스러운 일본 일상을 체험할 수 있어. 숙소 안에서 커튼을 걷고 햇살을 마주하는 아침, 슬리퍼 신고 근처 편의점에 다녀오는 평범한 순간조차도 왠지 특별하게 느껴질 거야.

그럼 이제, 에어비앤비 숙소를 편하게 이용할 수 있는 표현들을 익혀볼까?

🌼 에어비앤비 관련

에어비앤비	에아비-안도비-	エアビーアンドビー
비밀번호	안쇼- 방고-	あんしょうばんごう (暗証番号)
셀프 체크인	세르후 쳌꾸인	セルフチェックイン
열쇠	카기	かぎ (鍵)

와이파이 정보	**와이화이 죠-호-**	わいふぁいじょうほう (Wi-Fi情報)
숙박 매뉴얼	**슈쿠하꾸 마뉴아루**	しゅくはくまにゅある (宿泊マニュアル)
거실	**리빙구**	リビング
부엌	**다이도꼬로**	だいどころ (台所)
조리 도구	**쵸-리 도-구**	ちょうりどうぐ (調理道具)
전자레인지	**덴시렌지**	でんしれんじ (電子レンジ)
냉장고	**레-조-코**	れいぞうこ (冷蔵庫)
커피포트	**뎅키 폿또**	でんきぽっと (電気ポット)

식기	숏끼	しょっき (食器)
컵	콥뿌	コップ
젓가락	오하시	おはし (お箸)
세탁기	센타쿠키	せんたくき (洗濯機)
건조기	칸소-키	かんそうき (乾燥機)
쓰레기봉투	고미부쿠로	ごみぶくろ (ゴミ袋)
분리수거	붐베쯔 고미	ぶんべつごみ (分別ごみ)
호스트	호스또	ホスト

연락처	렌라쿠사키	れんらくさき (連絡先)
비상 연락처	킹큐- 렌라쿠사키	きんきゅうれんらくさき (緊急連絡先)
현관	겡깐	げんかん (玄関)
따뜻한 물	오유	おゆ (お湯)
소화기	쇼-카키	しょうかき (消火器)
비상구	히죠-구찌	ひじょうぐち (非常口)
주차장	츄-샤죠-	ちゅうしゃじょう (駐車場)
전기/불/조명	뎅키	でんき (電気)

난방기/ 히터	담보- 키구	だんぼうきぐ (暖房器具)
화재 경보기	카사이 호-치키	かさいほうちき (火災報知器)
청소비	소-지다이	そうじだい (掃除代)
보증금	호쇼-킹	ほしょうきん (保証金)
금연	킹엔	きんえん (禁煙)

05 게스트하우스에 쉬러 가자

조금 더 저렴하게, 조금 더 자유롭게, 그리고 사람 냄새 나는 공간에서 쉬고 싶다면 게스트하우스가 정말 좋은 선택지야! 일본 곳곳에는 아담하고 개성 있는 게스트하우스가 많아서 단순히 잠만 자는 공간을 넘어 소소한 인연을 만드는 장소가 되기도 해.

게스트하우스는 침실, 샤워실, 주방 등을 여러 명이 함께 사용하는 구조라서 조금은 불편할 수도 있지만, 그만큼 여행자들끼리 자연스럽게 이야기 나눌 기회도 많아. 나 홀로 여행 중이라면 게스트하우스에서 만난 새로운 친구 덕분에 하루가 더 특별해질 수도 있겠지? 만약 관심이 가는 친구가 있다면 **"히토리타비데스까(혼자 여행 중이세요?)"** 라고 말을 걸어보자. 뜻밖의 정보를 얻거나 즐거운 시간을 보내게 될지도 몰라!

체크인할 땐 간단한 설명을 듣고 열쇠나 비밀번호, 공용 공간 이용 규칙 등을 안내받게 돼. 조용히 대화하기, 밤늦게 샤워 삼가기, 주방 사용 후 뒷정리하기 같은 기본 규칙만 잘 지키면 서로 불편함 없이 기분 좋게 머물 수 있어.

그럼, 게스트하우스를 편하게 이용하고, 다른 여행자들과도 자연스럽게 소통할 수 있는 표현들을 배워볼까?

🌼 게스트하우스 관련

게스트하우스	게스토하우스	ゲストハウス
도미토리	도미토리-	ドミトリー
2층 침대	니단 벳도	にだんべっど (2段ベッド)
침대 번호	벳도 방고-	べっどばんごう (ベッド番号)
커튼	카-텐	カーテン
칸막이	시키리	しきり (仕切り)
귀중품	키쿄-힝	きちょうひん (貴重品)
로커/사물함	록까-	ロッカー

공용 욕실	쿄-요-바스루-무	きょうようばするーむ (共用バスルーム)
세면대	셈멘다이	せんめんだい (洗面台)
세탁기	센타쿠키	せんたくき (洗濯機)
세제	센자이	せんざい (洗剤)
공용 라운지	쿄-요- 라운지	きょうようらうんじ (共用ラウンジ)
이용 규칙	리요- 루-루	りようるーる (利用ルール)
조용히	시즈카니	しずかに (静かに)
소음	소-옹	そうおん (騒音)

매너/예절	마나-	マナー
소등 시간	쇼-토- 지캉	しょうとうじかん (消灯時間)
교류	코-류-	こうりゅう (交流)
만남	데아이	であい (出会い)
대화	카이와	かいわ (会話)
위치	이치	いち (位置)
스태프	스탓후	スタッフ
운영자	칸리닝	かんりにん (管理人)

06

힘을 모아 도움을 요청하자

- **01** 길을 모르겠을 때, 도움을 요청하자
- **02** 물건을 잃어버렸을 때, 도움을 요청하자
- **03** 아플 때, 도움을 요청하자
- **04** 사고 났을 때, 도움을 요청하자
- **05** 못 알아들었을 때, 다시 요청하자

돌발 상황에 침착하게 대처하자!

여행은 언제나 기대와 설렘으로 가득하지만, 가끔은 예상치 못한 상황을 마주할 때도 있어. 길을 잃었거나, 중요한 물건을 잃어버렸거나, 몸이 아프거나…. 그럴 때는 주저없이 주변에 도움을 요청하는 용기가 더 중요해!

일본 사람들은 낯선 외국인에게도 친절하고 정중하게 대해주는 경우가 많아. 물론 말은 잘 통하지 않을 수도 있지만, 간단한 표현 몇 가지만 알고 있으면 훨씬 쉽게 도움을 받을 수 있어. 특히 여행 중에는 당황해서 아무 말도 안 나올 수 있으니까 이 파트를 통해 상황별로 필요한 말들을 미리 익혀두면 안심할 수 있을 거야.

예를 들어, 길을 모르겠을 때는 어떻게 물어야 할까? 말을 잘 못 알아들었을 때는 어떻게 다시 요청할까? 지갑이나 여권을 잃어버 렸다면 어디에 말해야 하고, 몸이 아플 땐 어떻게 설명해야 하지? 먼저 도움을 청할 때에는 "**스미마셍(저기요, 실례합니다)**"이라 고 말을 건 뒤에 내가 원하는 내용을 말하면 돼.

이 파트에서는 그런 긴급하거나 당황스러 운 순간에 간단하고 정확하게 내 상황을 전 달하는 표현들을 알려줄게. 혼자서 모든 걸 완벽하게 해결할 필요는 없어. 필요할 때 자 신 있게 "도와주세요"라고 말할 수 있다면 그걸로 충분해. 도와달 라고 말하고 싶을 때에는 "**테쯔닷테 쿠다사이(도와주세요)**"라고 하면 돼. 좀 더 긴박한 상황이라면 "**타스케테 쿠다사이(도와주세 요!)**"라고 주위 사람에게 말하면 도움을 줄 거야.

그럼 이제, 상황별로 어떤 표현을 알아두면 좋을지 차근차근 살펴 보자!

01 길을 모르겠을 때, 도움을 요청하자

처음 가보는 나라, 처음 걷는 거리에서 길을 잃는 건 전혀 이상한 일이 아니야. 오히려 여행 중엔 그런 예상치 못한 순간들이 또 하나의 추억이 되기도 하지. 하지만 시간에 쫓기거나 짐이 많을 때 길을 헤매게 되면 그저 막막하고 불안할 수도 있어. 그럴 때는 혼자서 계속 헤매기보다는 주변 사람에게 도움을 요청하는 게 훨씬 빠르고 확실해. 일본 사람들은 외국인에게 말을 거는 걸 조심스러워하지만, 도움을 요청하면 기꺼이 도와주려고 해. 지도를 함께 봐주거나 직접 목적지 근처까지 데려다주는 경우도 많아.

길을 묻고 싶을 때는 "○○니 **이키타이데스(○○에 가고 싶어요)**" 같은 간단한 말만 해도 충분하고, 지도를 보여주거나 역이나 장소 이름을 말하면 바로 이해할 거야. 단어 하나, 손짓 하나, 미소 하나면 충분한 순간들이 있어. 그리고 짧게라도 "**타스케테 쿠다사이(도와주세요)**", "**스미마셍가(죄송합니다만)**"라고 말할 수 있다면 상대도 훨씬 부담 없이 다가와줄 거야.

길을 잃어버린 순간이 일본어 회화 실력을 가장 빠르게 늘려주는 순간이 될지도 몰라!

그럼 이제, 길을 찾을 때 쓸 수 있는 간단한 표현들부터 하나씩 배워보자!

🌼 길 찾기

여기	**코꼬**	ここ
거기	**소꼬**	そこ
저기	**아소꼬**	あそこ
이 근처	**코노 헨**	このへん (この辺)
근처	**치카쿠**	ちかく (近く)
길	**미찌**	みち (道)

도로	**도-로**	どうろ (道路)
교차로/ 사거리	**코-사텐**	こうさてん (交差点)
횡단보도	**오-당호도-**	おうだんほどう (横断歩道)
신호등	**싱고-**	しんごう (信号)
표지판	**효-시키**	ひょうしき (標識)
오른쪽	**미기**	みぎ (右)
왼쪽	**히다리**	ひだり (左)
직진	**맛스구**	まっすぐ

앞	**마에**	まえ (前)
뒤	**우시로**	うしろ (後ろ)
옆	**토나리**	となり (隣)
건너편	**무까이**	むかい (向かい)
위치	**이치**	いち (位置)
장소	**바쇼**	ばしょ (場所)
방향	**호-코-**	ほうこう (方向)
거리	**토-리**	とおり (通り)

지도	**치즈**	ちず (地図)
안내도	**안나이즈**	あんないず (案内図)
역	**에끼**	えき (駅)
버스 정류장	**바스테-**	ばすてい (バス停)
출구	**데구찌**	でぐち (出口)
입구	**이리구찌**	いりぐち (入口)
-번 출구	**~반 데구찌**	~ばんでぐち (~番出口)
목적지	**모꾸테키치**	もくてきち (目的地)

길을 잃음/미아	마이고	まいご (迷子)
랜드마크	란도마-쿠	ランドマーク
주소	쥬-쇼	じゅうしょ (住所)

02 물건을 잃어버렸을 때, 도움을 요청하자

여행 중에 물건을 잃어버리는 건 생각보다 흔히 있는 일이야. 전철 안에 가방을 두고 내렸다거나, 식당에 지갑을 놓고 나왔다거나, 숙소에서 체크아웃하고 나서 중요한 걸 두고 왔다거나…. 순간적으로 머릿속이 새하얘지고, 어떻게 해야 할지 막막해지지.

하지만 너무 걱정하지 마. 일본은 분실물을 잘 보관하고 주인에게 돌려주는 문화가 잘되어 있는 나라야. 전철, 버스, 상점, 공공장소 등에서 물건을 잃어버렸다면 가까이에 있는 직원이나 안내소에 이야기해보자. 웬만한 곳엔 분실물 센터가 따로 있고, 경찰서에서도 분실물 접수를 도와줄 수 있어.

이럴 때 유용한 표현은 **"사이후오 와스레마시타(지갑을 잃어버렸어요)"** 같은 짧고 명확한 문장이야. 언제, 어디서, 어떤 물건을 잃어버렸는지만 간단히 설명해도 대부분 친절하게 도와줘.

그리고 혹시 모르니 여권이나 중요한 물건은 항상 사본을 따로 준비해두는 게 좋아. 당황하지 말고, 차근차근 상황을 설명해보자. 돌아올 가능성, 꽤 높거든!

그럼 이제, 물건을 잃어버렸을 때 쓸 수 있는 유용한 표현들을 함께 알아볼까?

🌸 분실물 찾기

분실	훈시쯔	ふんしつ (紛失)
분실물	와스레모노	わすれもの (忘れ物)
분실물 센터	와스레모노 센타-	わすれものせんたー (忘れ物センター)
습득물	슈-토쿠부쯔	しゅうとくぶつ (拾得物)
보관물	호캄부쯔	ほかんぶつ (保管物)
물건	모노	もの (物)
소지품	모찌모노	もちもの (持ち物)

짐	**니모쯔**	にもつ (荷物)
장소	**바쇼**	ばしょ (場所)
시간	**지캉**	じかん (時間)
안내소	**안나이죠**	あんないじょ (案内所)
지갑	**사이후**	さいふ (財布)
가방	**카방**	かばん
여권	**파스포-또**	パスポート
휴대폰	**케-타이**	けいたい (携帯)

스마트폰	**스마호**	スマホ
충전기	**쥬-뎅키**	じゅうでんき (充電器)
카메라	**카메라**	カメラ
렌즈	**렌즈**	レンズ
삼각대	**상캬쿠**	さんきゃく (三脚)
열쇠	**카기**	かぎ (鍵)
티켓/표	**치켓또**	チケット
예약증	**요야쿠효-**	よやくひょう (予約表)

신분증	**미분 쇼-메-쇼**	みぶんしょうめいしょ (身分証明書)
건강 보험/ 보험증	**호켄쇼-**	ほけんしょう (保険証)
현금	**겡킹**	げんきん (現金)
카드	**카-도**	カード
교통카드	**아이씨- 카-도**	あいしーかーど (ICカード)
특징	**토쿠쵸-**	とくちょう (特徴)
색상	**이로**	いろ (色)
발견	**학켄**	はっけん (発見)

신고	토도께데	とどけで (届け出)
문의	토이아와세	といあわせ (問い合わせ)
접수	우케츠케	うけつけ (受付)
수령	히키토리	ひきとり (引き取り)
회수	카이슈-	かいしゅう (回収)
이름	나마에	なまえ (名前)
연락처	렌라쿠사키	れんらくさき (連絡先)
주소	쥬-쇼	じゅうしょ (住所)

신고서	토도케데쇼	とどけでしょ (届け出書)
용지	요-시	ようし (用紙)
모양	카타치	かたち (形)
크기/사이즈	사이즈	サイズ
브랜드	부란도	ブランド
로고	로고	ロゴ
번호	방고-	ばんごう (番号)
담당자	탄토-샤	たんとうしゃ (担当者)

03 아플 때, 도움을 요청하자

여행 중에 갑자기 몸이 아프면 불안한 마음이 먼저 들기 마련이야. 감기 기운이 있거나 배탈이 났거나, 다쳐서 병원에 가야 할 때 언어도 낯설고, 시스템도 익숙하지 않으니까 더 당황스럽지. 하지만 너무 걱정하지 마. 간단한 표현 몇 가지와 기본적인 흐름만 알고 있으면 일본에서 의료 서비스를 받는 건 생각보다 어렵지 않아. 대부분의 약국이나 병원에는 외국인을 위한 안내 시스템이 잘 되어 있고, 큰 병원이나 관광지 주변에는 간단한 영어가 가능한 직원이나 통역 서비스를 제공하는 곳도 있어.

예를 들어, **"오나카가 이타이데스(배가 아파요)" "카제미타이데스(감기인 것 같아요)"** 정도의 표현만 말해도 약국에서 적절한 약을 추천해주거나 병원으로 안내해줄 수 있어.

또, 병원은 건강보험이 적용되지 않기 때문에 진료비가 조금 비쌀 수 있으니 간단한 증상이라면 약국에서 약을 구입하는 것도 하나의 방법이야. 열이 얼마나 나는지, 어디가 아픈지, 약에 알레르기가 있는지, 이런 기본적인 정보는 미리 영어나 일본어로 적어두거나, 스마트폰 번역기를 활용하는 것도 추천해.

몸이 아플 땐 말보다 표정과 태도가 더 잘 전달되는 순간도 많아. 필요한 말을 짧고 분명하게 전달하고, 도움받는 데 주저하지 말자. 너는 혼자가 아니니까!

그럼 이제, 아플 때 꼭 알아두면 좋은 표현들을 함께 익혀볼까?

🌸 아플 때

병	뵤-키	びょうき (病気)
상태	죠-타이	じょうたい (状態)
감기	카제	かぜ (風邪)
열	네쯔	ねつ (熱)
기침	세끼	せき (咳)

두통	**즈쯔-**	ずつう (頭痛)
복통	**후꾸쯔-**	ふくつう (腹痛)
치통	**시쯔-**	しつう (歯痛)
설사	**게리**	げり (下痢)
변비	**벰삐**	べんぴ (便秘)
메스꺼움	**하키케**	はきけ (吐き気)
콧물	**하나미즈**	はなみず (鼻水)
재채기	**쿠샤미**	くしゃみ

목 아픔	**노도노 이타미**	のどのいたみ (喉の痛み)
통증	**이타미**	いたみ (痛み)
부기	**하레**	はれ (腫れ)
타박상	**다보쿠**	だぼく (打撲)
골절	**콧세쯔**	こっせつ (骨折)
피로	**츠카레**	つかれ (疲れ)
오한	**사무케**	さむけ (寒気)
부상/다침	**케가**	けが

출혈	**슉케쯔**	しゅっけつ (出血)
상처	**키즈**	きず (傷)
화상	**야케도**	やけど
알레르기	**아레르기-**	アレルギー
두드러기	**짐마신**	じんましん
약	**쿠스리**	くすり (薬)
진통제	**이타미도메**	いたみどめ (痛み止め)
해열제	**게네쯔자이**	げねつざい (解熱剤)

병원	**뵤-잉**	びょういん (病院)
진료소	**신료-죠**	しんりょうじょ (診療所)
약국	**약쿄꾸**	やっきょく (薬局)
의사	**이샤**	いしゃ (医者)
간호사	**캉고시**	かんごし (看護師)
직원	**쇼꾸잉**	しょくいん (職員)
진료	**신료-**	しんりょう (診療)
진찰	**신사쯔**	しんさつ (診察)

접수	**우케츠케**	うけつけ (受付)
건강 보험/ 보험증	**호켄쇼-**	ほけんしょう (保険証)
여행자 보험	**료코- 호켄**	りょこうほけん (旅行保険)
머리	**아타마**	あたま (頭)
얼굴	**카오**	かお (顔)
눈	**메**	め (目)
귀	**미미**	みみ (耳)
코	**하나**	はな (鼻)

목(안쪽)*	**노도**	のど (喉)
목(바깥쪽)*	**쿠비**	くび (首)
어깨	**카타**	かた (肩)
팔	**우데**	うで (腕)
손	**테**	て (手)
가슴	**무네**	むね (胸)
배	**오나카**	おなか (お腹)
등	**세나카**	せなか (背中)

허리	**코시**	こし (腰)
다리	**아시**	あし (脚)
무릎	**히자**	ひざ (膝)
발	**아시**	あし (足)
발가락	**아시노 유비**	あしのゆび (足の指)
검사	**켄사**	けんさ (検査)
처방	**쇼호-**	しょほう (処方)

* 목

한국에서는 몸속의 목과 바깥쪽 목을 똑같이 '목'이라고 표현하지만 일본에서는 안쪽이냐 바깥쪽이냐에 따라 어휘를 다르게 써. 식도 쪽이라면 '노도'라고 하고, 머리로부터 이어지는 바깥쪽 목은 '쿠비'라고 해.

04 사고 났을 때, 도움을 요청하자

여행 중에는 예기치 않은 사고나 문제 상황이 갑자기 발생할 수도 있어. 교통사고를 목격했거나, 내가 다쳤거나, 누군가 도움을 필요로 할 때, 이런 순간에는 무엇보다 빠르고 정확하게 상황을 전달하는 것이 중요해. 당황스러운 상황일수록 말이 잘 안 나올 수 있어. 하지만 간단한 표현 한두 마디만 익혀두면 도움을 요청하는 데 큰 어려움은 없을 거야. 예를 들어, "**지코데스(사고가 났어요.)**" "**케가오 시마시타(다쳤어요.)**" "**타스케테 쿠다사이(도와주세요.)**" 이런 말은 길게 설명하지 않아도 긴급 상황이라는 걸 바로 전달할 수 있는 표현들이야.

또, **케-사쯔쇼(경찰서)**나 **뵤-잉(병원)** 같은 장소 이름도 함께 알아두면 어디로 가야 할지, 누구에게 말해야 할지 헷갈릴 때 큰 도움이 될 거야. 필요하다면 현지인의 도움을 받아 대신 설명해달라고 요청하는 것도 하나의 방법이야. 사고는 누구에게나 일어날 수 있지만, 준비된 사람은 훨씬 침착하게 대처할 수 있어.

그럼 이제, 사고나 위급 상황에서 쓸 수 있는 간단하고 중요한 표현들을 배워볼까?

🌼 위급할 때

사고	**지코**	じこ (事故)
긴급	**킹큐-**	きんきゅう (緊急)
비상	**히죠-**	ひじょう (非常)
구조	**큐-죠**	きゅうじょ (救助)
경찰	**케-사쯔**	けいさつ (警察)
파출소	**코-방**	こうばん (交番)
경찰서	**케-사쯔쇼**	けいさつしょ (警察署)

긴급 상황	**킹큐- 지타이**	きんきゅうじたい (緊急事態)
응급 환자	**큐-뵤-닝**	きゅうびょうにん (急病人)
구급	**큐-큐-**	きゅうきゅう (救急)
구급차	**큐-큐-샤**	きゅうきゅうしゃ (救急車)
병원	**뵤-잉**	びょういん (病院)
응급실	**큐-큐- 가이라이**	きゅうきゅうがいらい (救急外来)
부상/다침	**케가**	けが
부상	**후쇼-**	ふしょう (負傷)

상처	키즈	きず (傷)
피	치	ち (血)
출혈	슉케쯔	しゅっけつ (出血)
통증	이타미	いたみ (痛み)
골절	콧세쯔	こっせつ (骨折)
넘어짐	텐토-	てんとう (転倒)
부딪힘/충돌	쇼-토쯔	しょうとつ (衝突)
사고 현장	겜바	げんば (現場)

장소	**바쇼**	ばしょ (場所)
도움	**타스케**	たすけ (助け)
지원	**시엔**	しえん (支援)
주변 사람	**슈-이노 히토**	しゅういのひと (周囲の人)
목격자	**모꾸게키샤**	もくげきしゃ (目撃者)
휴대폰	**케-타이**	けいたい (携帯)
지갑	**사이후**	さいふ (財布)
짐	**니모쯔**	にもつ (荷物)

보험	호켄	ほけん (保険)
여행자 보험	료코- 호켄	りょこうほけん (旅行保険)
연락처	렌라쿠사키	れんらくさき (連絡先)
신분증	미분 쇼-메-쇼	みぶんしょうめいしょ (身分証明書)
신고	싱코쿠	しんこく (申告)
접수	토도케	とどけ (届け)
번역	홍야꾸	ほんやく (翻訳)
설명	세쯔메-	せつめい (説明)

05 못 알아들었을 때, 다시 요청하자

일본어를 조금 공부해도 막상 현지에서 일본인이 빠르게 말하면 하나도 안 들리는 순간이 있어. 혹은 분명 내가 말했는데 상대방이 못 알아듣고 멈칫할 때도 있고 말이야. 그런 순간이 오면 당황스럽기도 하고, 괜히 자신감이 확 떨어지기도 하지.

하지만 걱정하지 마. 말이 잘 안 통해도 괜찮아. 다시 말해 달라고 요청하는 표현, 조금만 천천히 말해 달라는 표현만 알고 있어도 상대방은 충분히 이해하고 다시 설명해줄 거야. 특히 일본 사람들은 외국인이 일본어로 말하는 걸 굉장히 긍정적으로 받아들이기 때문에, "**모-이찌도 오네가이시마스(다시 한 번 말씀해 주세요)**" "**육꾸리 하나시테 쿠다사이(천천히 말씀해 주세요)**" 같은 간단한 표현만으로도 분위기가 훨씬 부드러워질 수 있어.

상대가 내 말을 못 알아들었을 땐, 다시 한 번 천천히 말해주면 돼. 표현이 완벽하지 않아도 서로 도와가며 뜻을 전하는 게 바로 '진짜 소통'이니까. 못 알아들었다는 건, 새로운 표현을 배울 수 있는 기회이기도 해!

그럼 이제, 상대방 얘기를 못 알아들었을 때 쓸 수 있는 표현들부터 하나씩 배워볼까? 주저하지 말고, "**모-이찌도 오네가이시마스(다시 한 번 부탁드려요)**"라고 말해보자!

🌸 말을 못 알아들었을 때

말/ 이야기	하나시	はなし (話)
설명	세쯔메-	せつめい (説明)
일본어	니홍고	にほんご (日本語)
영어	에-고	えいご (英語)
천천히	육꾸리	ゆっくり
빨리	하야꾸	はやく (速く)
큰 소리	오-키- 코에	おおきいこえ (大きい声)

작은 소리	**치-사이 코에**	ちいさいこえ (小さい声)
발음	**하쯔옹**	はつおん (発音)
억양	**인토네-숀**	イントネーション
속도	**소쿠도**	そくど (速度)
의미/뜻	**이미**	いみ (意味)
번역	**홍야꾸**	ほんやく (翻訳)
통역	**츠-야꾸**	つうやく (通訳)
사전	**지쇼**	じしょ (辞書)

메모	**메모**	メモ
노트	**노-또**	ノート
필기	**메모가키**	めもがき (メモ書き)
문자	**모지**	もじ (文字)
글자	**지**	じ (字)
한자	**칸지**	かんじ (漢字)
다시 한 번	**모- 이찌도**	もういちど (もう一度)
조금/약간	**스코시**	すこし (少し)

조금/좀	**춋또**	ちょっと
번역 앱	**홍야꾸 아푸리**	ほんやくあぷり (翻訳アプリ)
정보	**죠-호-**	じょうほう (情報)
질문	**시쯔몽**	しつもん (質問)

BONUS

급할 땐 가나다순 여행 단어

QR코드를 찍어
편하게 활용해보세요!

Part 2
문장으로 말해보자

~ 주세요

~쿠다사이
~ください

01 한 개 | **히토츠** ひとつ

02 두 개 | **후타츠** ふたつ

03 세 개 | **밋츠** みっつ

04 이것 | **코레** これ

05 물 | **오미즈** おみず

주세요
―――
쿠다사이
ください

상대방에게 무언가를 명확하게 요청할 때 쓸 수 있는 패턴이야. 보통 '○○○ 주세요'라고 해석해. 고객 입장에서 당연하게 요구할 수 있는 권리라면 이렇게 써도 괜찮아.

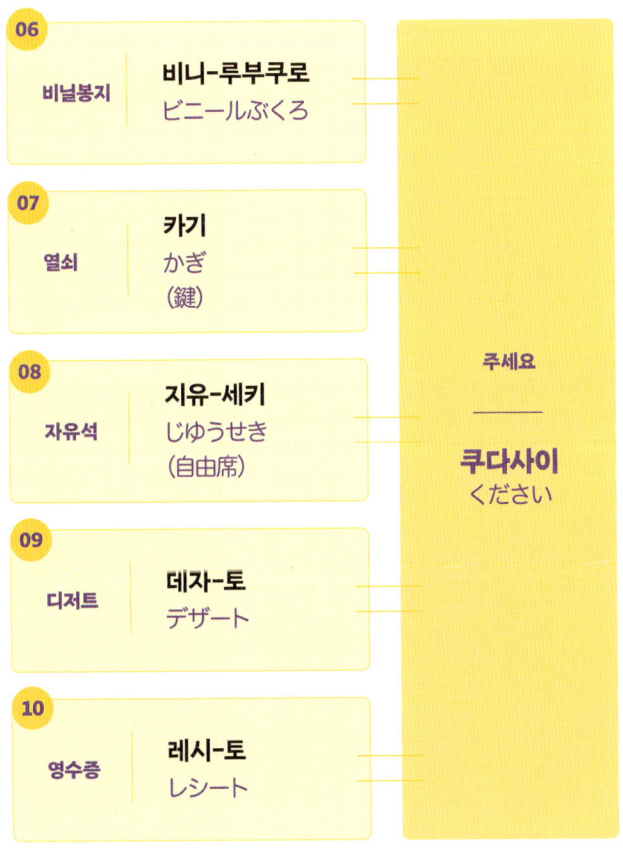

~부탁합니다
~오네가이시마스
～おねがいします

01 체크인
첵꾸인
チェックイン

02 계산
오카이케-
おかいけい
(お会計)

03 앞접시
토리자라
とりざら
(取り皿)

04 그것
소레
それ

05 메뉴
메뉴-
メニュー

부탁합니다
———
오네가이시마스
おねがいします

상대방에게 무언가를 부탁할 때 쓸 수 있는 패턴이야. 보통 많이 알고 있는 쿠다사이(ください)보다 더 정중한 느낌으로 쓸 수 있어.

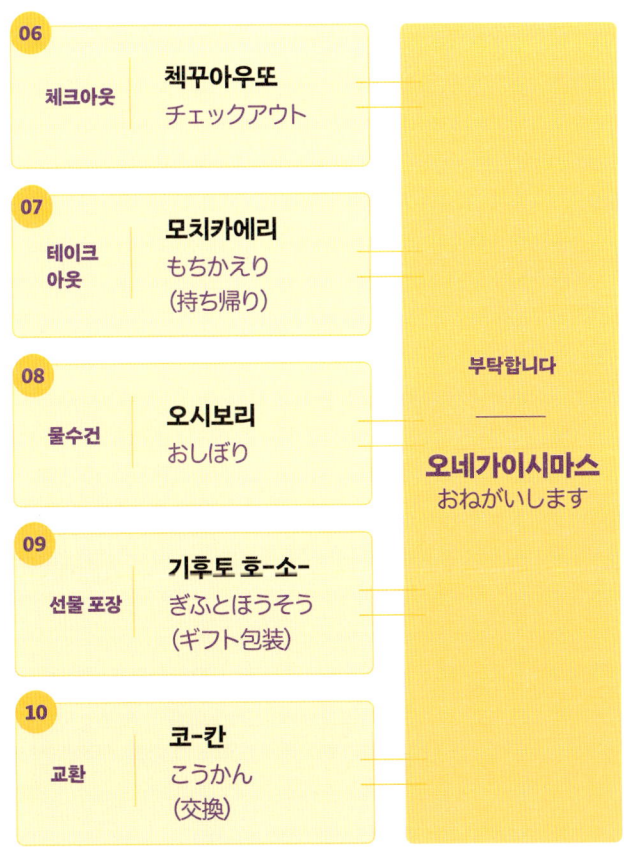

06 체크아웃	**첵꾸아우또** チェックアウト
07 테이크아웃	**모치카에리** もちかえり (持ち帰り)
08 물수건	**오시보리** おしぼり
09 선물 포장	**기후토 호-소-** ぎふとほうそう (ギフト包装)
10 교환	**코-칸** こうかん (交換)

부탁합니다

오네가이시마스
おねがいします

~ 가능합니까?
~데끼마스까
~できますか

01 얼리 체크인
아-리- 첵꾸인
アーリー
チェックイン

02 레이트 체크아웃
레이토 첵꾸아우토
レイト
チェックアウト

03 시착
시챠꾸
しちゃく
(試着)

04 할인
와리비끼
わりびき
(割引)

05 통역
츠-야꾸
つうやく
(通訳)

가능합니까?
―――
데끼마스까
できますか

상대방에게 허락을 받거나 혹은 어떠한 행위가 가능한지 물어볼 때 쓰는 표현이야. '이거 해도 되나요?'라는 뉘앙스가 있어. 낯선 곳에서 어떠한 행위를 해도 되는지 모르겠다면 이 표현을 써서 물어보면 좋아. 그리고 단순히 어떠한 물건이 잘 작동 되는지 물어볼 때도 쓸 수 있어. 예를 들어, '이거 잘 작동하나요?'라고 할 때에도 기계를 가리키면서 "코레, 데끼마스까"라고 하면 돼!

~가 안 됩니다

~가 데끼마셍
~が できません

01 예약
요야쿠
よやく
(予約)

02 자동 발권기
켐바이키
けんばいき
(券売機)

03 와이파이
와이화이
ワイファイ

04 신용카드
쿠레짓또카-도
クレジットカード

05 일본어
니홍고
にほんご
(日本語)

이/가 안 됩니다
___
가 데끼마셍
が できません

어떠한 것이 작동이 안 되거나, 무엇인가 혼자서 해결할 수 없을 때 '안돼요'라는 뉘앙스로 쓸 수 있는 표현이야. 상대방에게 도움을 요청할 때, 나의 현재 문제점에 대해 설명할 수 있어.

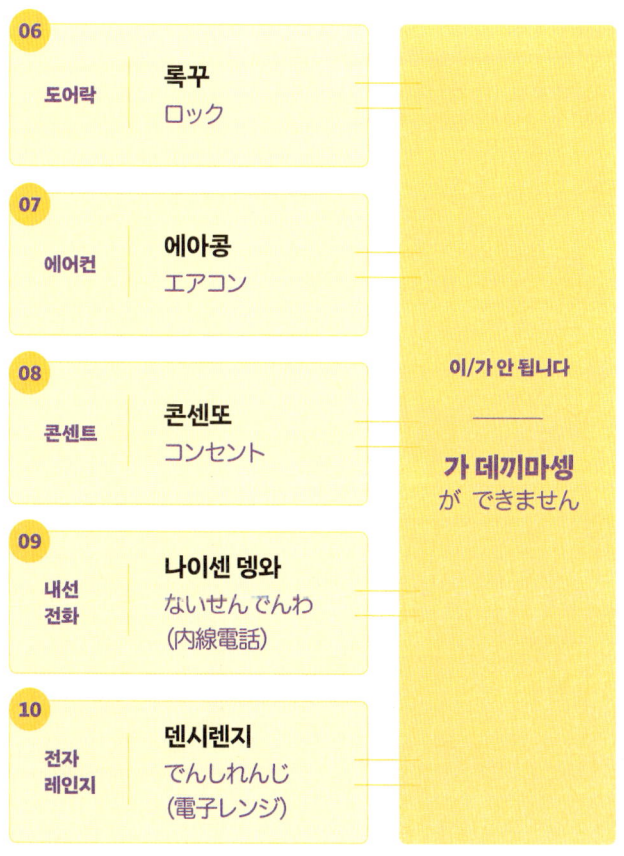

06	도어락	**록꾸** / ロック
07	에어컨	**에아콩** / エアコン
08	콘센트	**콘센또** / コンセント
09	내선전화	**나이센 뎅와** / ないせん でんわ (内線電話)
10	전자레인지	**덴시렌지** / でんしれんじ (電子レンジ)

이/가 안 됩니다
가 데끼마셍
が できません

~ 있습니까?
~아리마스까
～ありますか

01 테이블석
테-부루세키
てーぶるせき
(テーブル席)

02 커피
코-히-
コーヒー

03 무알코올
농아루코-루
ノンアルコール

04 몇 개
이꾸쯔
いくつ

05 샘플
삼푸루
サンプル

있습니까?
─────
아리마스까
ありますか

필요한 물건이 있을 때 상대방에게 물어보는 표현이야. 물건 이름 뒤에 "아리마스까?"를 붙여서 물어보면 돼. 한 가지 주의할 점은 사람에게는 절대 쓰면 안 돼. 예를 들어 직원이 있냐고 물을 때 쓸 수 없어. 물건에만 쓰는 표현이니까 이 점만 유의해줘!

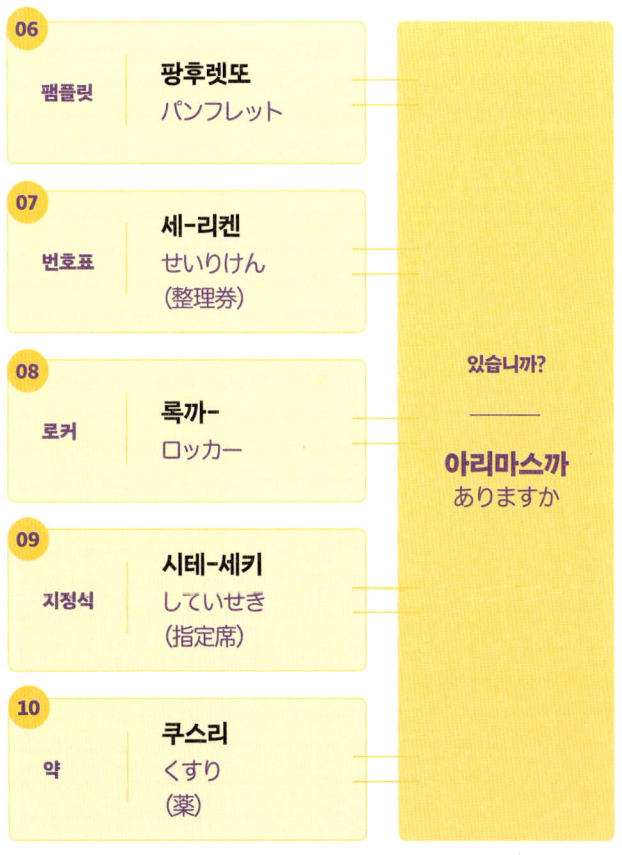

~가 없습니다

~가 아리마셍
～が ありません

06

01 젓가락
오하시
おはし
(お箸)

02 여권
파스포-또
パスポート

03 드라이기
도라이야-
ドライヤー

04 티켓
치켓또
チケット

05 지갑
사이후
さいふ
(財布)

이/가 없습니다

가 아리마셍
が ありません

필요한 물건이 현재 없을 때, "없습니다" 하고 말할 수 있는 표현이야. 예를 들어, 방에 드라이기가 없다면 "도라이야-가 아리마셍"이라고 하면 돼. 그럼 상대방이 "아, 없구나! 필요하시구나!" 하고 인지할 수 있겠지? 이 표현도 사람한테는 쓸 수 없으니 조심해야 해! 물건에만 쓸 수 있는 표현이야.

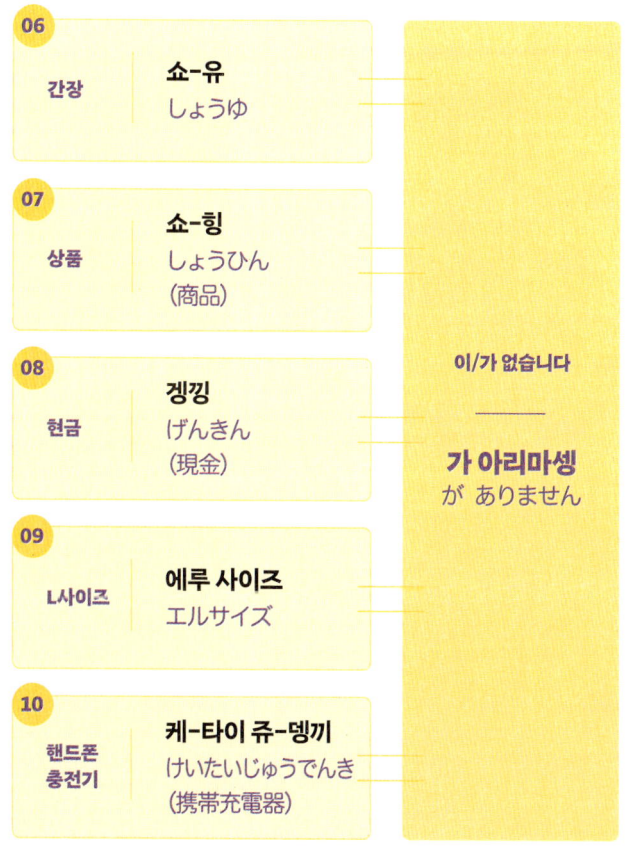

~를 모르겠습니다

~가 와카리마셍
～が わかりません

01 길
미찌
みち
(道)

02 일본어
니홍고
にほんご
(日本語)

03 사이즈
사이즈
サイズ

을/를 모르겠습니다

가 와카리마셍
が わかりません

04 가격
네당
ねだん
(値段)

05 노선도
로센즈
ろせんず
(路線図)

낯선 곳에 가면 모르는 것투성이잖아? 또 일본어도 유창하지 않으니까 상대방이 무슨 말을 하는지 잘 캐치하지 못할 때도 많아. 그때 사용할 수 있는 표현이야. 그냥 "모르겠습니다"라고 하려면 "와카리마셍"이라고 하면 되고, 어떤 것을 구체적으로 언급하고 싶으면 "~가 와카리마셍"이라고 하면 돼.

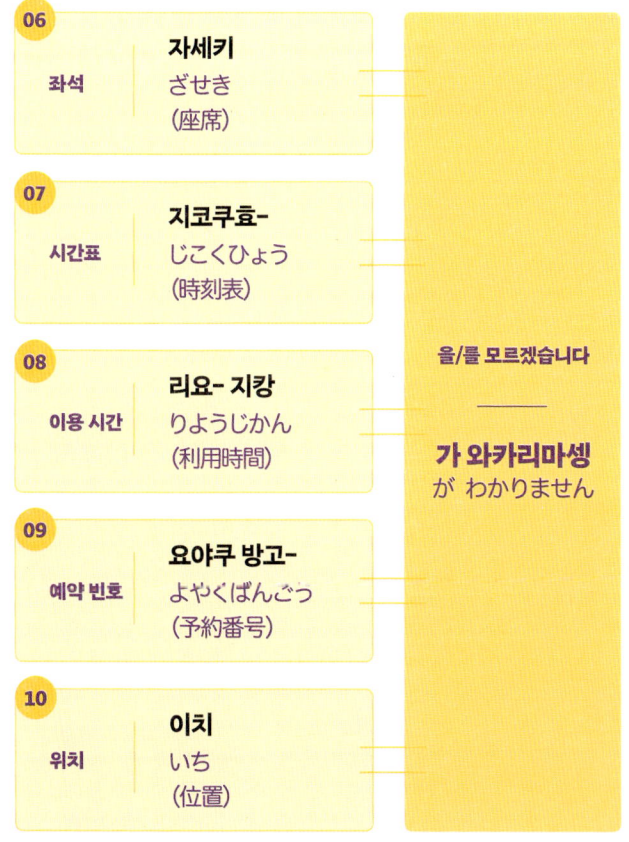

06 좌석
자세키
ざせき
(座席)

07 시간표
지코쿠효-
じこくひょう
(時刻表)

08 이용 시간
리요- 지캉
りようじかん
(利用時間)

을/를 모르겠습니다
———
가 와카리마셍
が わかりません

09 예약 번호
요야쿠 방고-
よやくばんごう
(予約番号)

10 위치
이치
いち
(位置)

08 ~는 어디입니까?
~와 도꼬데스까
～は どこですか

01 화장실
토이레
トイレ

02 입구
이리구찌
いりぐち
(入口)

03 출구
데구찌
でぐち
(出口)

04 개찰구
카이사쯔구찌
かいさつぐち
(改札口)

05 매표소
킵뿌 우리바
きっぷうりば
(切符売り場)

은/는 어디입니까?
_____
와 도꼬데스까
は どこですか

위치를 모를 때 물어볼 수 있는 표현이야. 목적지를 말하면서 "~와 도꼬데스까?"라고 하면 돼. 모르면 물어봐야지! 근처라면 친절한 일본인들이 길을 직접 안내해 줄 수도 있어!

06 탈의실	**다쯔이죠** だついじょ (脱衣所)	
07 매점	**바이텐** ばいてん (売店)	
08 호텔	**호테루** ホテル	은/는 어디입니까? ——— **와 도꼬데스까** は どこですか
09 택시 타는곳	**타쿠시- 노리바** たくしーのりば (タクシー乗り場)	
10 분실물 센터	**와스레모노 센타-** わすれものせんたー (忘れ物センター)	

~는 얼마입니까?

~와 이쿠라데스까
〜は いくらですか

01 이것
코레
これ

02 한 개
히토츠
ひとつ

03 햄버거
함바-가-
ハンバーガー

04 단품
탐핑
たんぴん
(単品)

05 세트
셋또
セット

은/는 얼마입니까?
─────
와 이쿠라데스까
は いくらですか

"얼마예요?"라고 가격을 물을 때 쓰는 표현이야. 구체적으로 물건을 지칭해서 묻고 싶다면 "~와 이쿠라데스까"라고 하면 돼. 대답을 알아듣기 힘들지 않겠냐고? 직원분이 핸드폰이나 계산기로 친절하게 가격을 보여줄 거야.

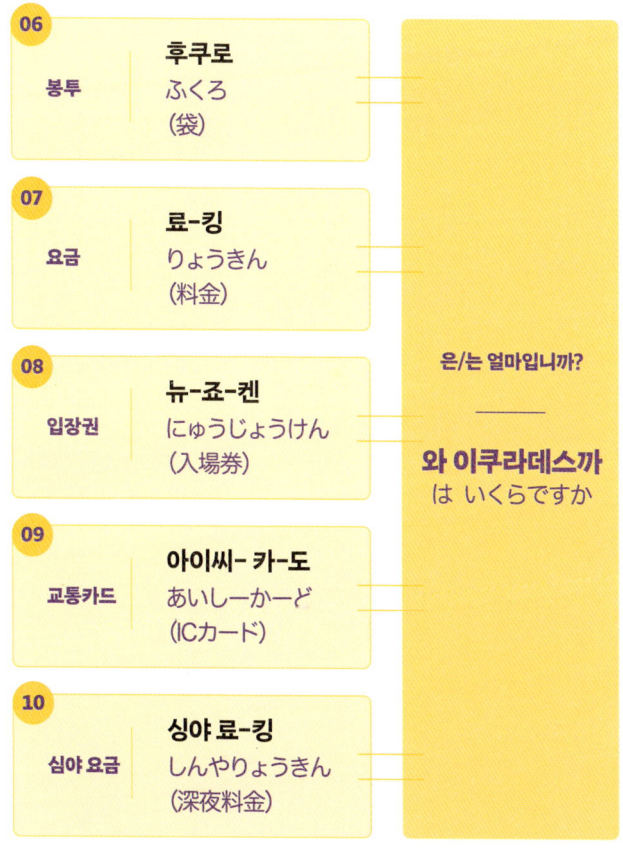

06 봉투
후쿠로
ふくろ
(袋)

07 요금
료-킹
りょうきん
(料金)

08 입장권
뉴-죠-켄
にゅうじょうけん
(入場券)

09 교통카드
아이씨- 카-도
あいしーかーど
(ICカード)

10 심야 요금
싱야 료-킹
しんやりょうきん
(深夜料金)

은/는 얼마입니까?
―――――
와 이쿠라데스까
は いくらですか

10 ~는 언제/몇 시입니까?

~와 이쯔/난지데스까
〜は いつ/なんじですか

01 출발	**슙빠츠** しゅっぱつ (出発)
02 운영시간	**웅에- 지캉** うんえいじかん (運営時間)
03 급행	**큐-코-** きゅうこう (急行)
04 셀프 체크인	**세루후 첵꾸인** セルフチェックイン
05 세일	**세-루** セール

은/는 언제입니까?
_____

와 이쯔데스까
は いつですか

310

관광지를 가거나, 공연을 보거나 혹은 대중교통을 탈 때 중요한 것은 시간을 확인하는 거잖아? 그때 "언제입니까?"라고 묻고 싶으면 "이쯔데스까"라고 하면 돼. "몇 시입니까?"라고 시간을 묻고 싶다면 "난지데스까"라고 물어보면 되고.

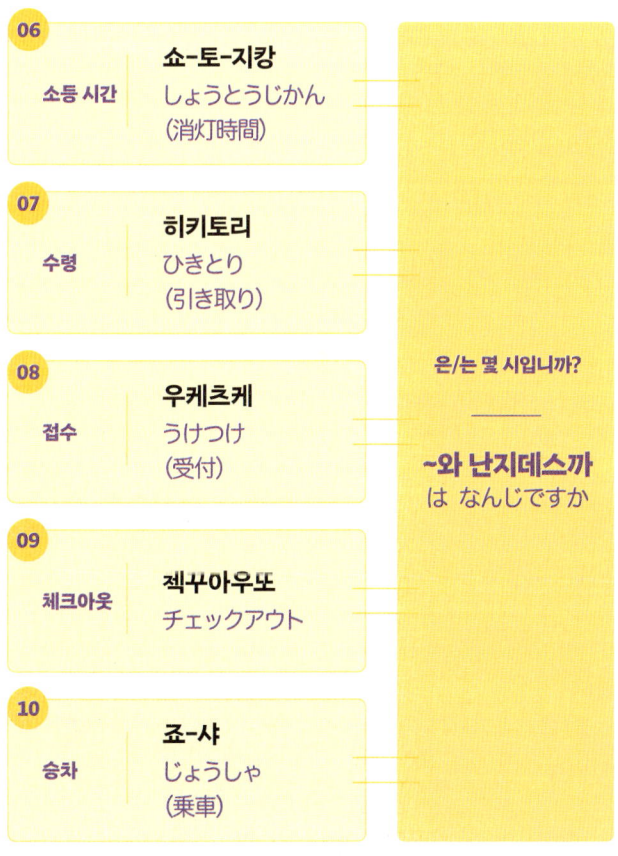

06 소등 시간
쇼-토-지캉
しょうとうじかん
(消灯時間)

07 수령
히키토리
ひきとり
(引き取り)

08 접수
우케츠케
うけつけ
(受付)

은/는 몇 시입니까?
───
~와 난지데스까
は なんじですか

09 체크아웃
젝꾸아우또
チェックアウト

10 승차
죠-샤
じょうしゃ
(乗車)

카와이 여행 일본어

Travel Japanese with Sanrio characters

초판 발행 · 2025년 10월 31일
초판 2쇄 발행 · 2025년 12월 30일

지은이 · 레이쌤(김하경)
발행인 · 이종원
발행처 · (주)도서출판 길벗
브랜드 · 길벗이지톡
출판사 등록일 · 1990년 12월 24일
주소 · 서울시 마포구 월드컵로 10길 56 (서교동)
대표 전화 · 02)332-0931 | **팩스** · 02)323-0586
홈페이지 · www.gilbut.co.kr | **이메일** · eztok@gilbut.co.kr

기획 및 책임 편집 · 오윤희(tahiti01@gilbut.co.kr) | **디자인** · 강은경 | **제작** · 이준호, 손일순, 이진혁
영업마케팅 · 차명환, 장봉석, 최소영 | **유통혁신** · 한준희 | **영업관리** · 김명자, 심선숙 | **독자지원** · 윤정아

편집진행 및 교정교열 · 이경숙 | **전산편집** · 수(秀) 디자인 | **녹음 및 편집** · 와이알미디어
CTP 출력 및 인쇄 · 정민 | **제본** · 정민

- 길벗이지톡은 (주)도서출판 길벗의 성인어학서 출판 브랜드입니다.
- 이 책은 저작권법의 보호를 받는 저작물로 이 책에 실린 모든 내용, 디자인, 이미지, 편집 구성은 허락 없이 복제하거나 다른 매체에 옮겨 실을 수 없습니다.
- 인공지능(AI) 기술 또는 시스템을 훈련하기 위해 이 책의 전체 내용은 물론 일부 문장도 사용하는 것을 금지합니다.
- 잘못 만든 책은 구입한 서점에서 바꿔 드립니다.
- 책 내용에 대한 문의는 길벗 홈페이지(www.gilbut.co.kr) 고객센터에 올려 주세요.

ⓒ 레이쌤(김하경), 2025
© 2025 SANRIO CO., LTD.

ISBN 979-11-407-1504-6 02730
(길벗 도서번호 301222)
정가 16,800원

독자의 1초를 아껴주는 정성 길벗출판사

(주)도서출판 길벗 | IT단행본, 성인어학, 교과서, 수험서, 경제경영, 교양, 자녀교육, 취미실용 www.gilbut.co.kr
길벗스쿨 | 국어학습, 수학학습, 주니어어학, 어린이단행본, 학습단행본 www.gilbutschool.co.kr

유튜브 · @GILBUTEZTOK | 인스타그램 gilbut_eztok | 네이버블로그 gilbuteztok